Para

com votos de paz.

DIVALDO FRANCO
Pelo Espírito JOANNA DE ÂNGELIS

ATITUDES RENOVADAS

EDITORA LEAL

Salvador
3. ed. – 2023

COPYRIGHT © (2009)
CENTRO ESPÍRITA CAMINHO DA REDENÇÃO
Rua Jayme Vieira Lima, 104
Pau da Lima, Salvador, BA.
CEP 412350-000
SITE: https://mansaodocaminho.com.br
EDIÇÃO: 3. ed. (2ª reimpressão) – 2023
TIRAGEM: 1.000 exemplares (milheiro: 25.500)
COORDENAÇÃO EDITORIAL
Lívia Maria C. Sousa

REVISÃO
Manoelita Rocha · Luciano Urpia
CAPA
Cláudio Urpia
MONTAGEM DE CAPA
Ailton Bosco
EDITORAÇÃO ELETRÔNICA
Ailton Bosco
COEDIÇÃO E PUBLICAÇÃO
Instituto Beneficente Boa Nova

PRODUÇÃO GRÁFICA
LIVRARIA ESPÍRITA ALVORADA EDITORA – LEAL
E-mail: editora.leal@cecr.com.br

DISTRIBUIÇÃO
INSTITUTO BENEFICENTE BOA NOVA
Av. Porto Ferreira, 1031, Parque Iracema. CEP 15809-020
Catanduva-SP.
Contatos: (17) 3531-4444 | (17) 99777-7413 (WhatsApp)
E-mail: boanova@boanova.net
Vendas on-line: https://www.livrarialeal.com.br

Dados Internacionais de Catalogação na Publicação (CIP)
(Catalogação na fonte)
BIBLIOTECA JOANNA DE ÂNGELIS

F825	FRANCO, Divaldo Pereira. (1927)
	Atitudes renovadas. 3. ed. / Pelo Espírito Joanna de Ângelis [psicografado por] Divaldo Pereira Franco. Salvador: LEAL, 2023. 192 p. ISBN: 978-85-8266-156-7
	1. Espiritismo 2. Psicografia 3. Reflexões morais I. Franco, Divaldo II. Título
	CDD: 133.93

Bibliotecária responsável: Maria Suely de Castro Martins – CRB-5/509

DIREITOS RESERVADOS: todos os direitos de reprodução, cópia, comunicação ao público e exploração econômica desta obra estão reservados, única e exclusivamente, para o Centro Espírita Caminho da Redenção. Proibida a sua reprodução parcial ou total, por qualquer meio, sem expressa autorização, nos termos da Lei 9.610/98.
Impresso no Brasil | Presita en Brazilo

Sumário

Atitudes renovadas — 9

1. Convidados — 15
2. Enfermos da alma — 21
3. A bênção da reencarnação — 27
4. Pensamento e bem-estar — 33
5. Considerações sobre a tristeza — 39
6. Tempos narcisistas — 45
7. A noite escura da alma — 51
8. Complexos e projeções — 57
9. O vazio existencial — 63
10. Responsabilidade moral — 69
11. Afetividade conflitiva — 75
12. Sistemática ignorância — 81
13. Fragilidade emocional — 87
14. Resistência ao mal — 93
15. Que brilhe a tua luz! — 99

16. Problemas internos 105

17. Compaixão sempre 111

18. Enfermidades 117

19. Vivência da felicidade 123

20. A ditadura do *ego* 129

21. Ressentimento doentio 135

22. As emoções 141

23. Viver com simplicidade 147

24. A sombria face do ódio 153

25. As bênçãos do altruísmo 159

26. Sempre o equilíbrio 165

27. A outra face 171

28. Estresse e doenças 177

29. Benefícios advindos do sofrimento 183

30. Elegia do Natal 189

Quando esta doutrina for restabelecida na sua pureza primitiva, quando todos os povos se lhe submeterem, ela tornará feliz a Terra, fazendo que reinem aí a concórdia, a paz e o amor.

O sentimento mais apropriado a fazer que progridais, domando em vós o egoísmo e o orgulho, aquele que dispõe vossa alma à humildade, à beneficência e ao amor do próximo, é a piedade! Piedade que vos comove até as entranhas à vista dos sofrimentos de vossos irmãos, que vos impele a lhes estender a mão para socorrê-los e vos arranca lágrimas de simpatia.

Nunca, portanto, abafeis nos vossos corações essas emoções celestes; não procedais como esses egoístas endurecidos que se afastam dos aflitos, porque o espetáculo de suas misérias lhes perturbaria por instantes a existência álacre. Temei conservar-vos indiferentes, quando puderdes ser úteis. A tranquilidade comprada à custa de uma indiferença culposa é a tranquilidade do mar Morto, no fundo de cujas águas se escondem a vasa fétida e a corrupção.

(**O Evangelho segundo o Espiritismo**, de Allan Kardec, capítulo XIII, item 17, 52ª edição da FEB.)

ATITUDES RENOVADAS

Afirma-se com certo pessimismo que o ser humano é o único animal que não aprendeu a viver.
A generalidade do conceito peca por exagero, considerando-se as admiráveis exceções a essa regra.

Sucede que o ser humano é, por sua vez, o único animal que pensa, e nem sempre reflexiona antes de agir corretamente, vitimado pelos atavismos defluentes das atitudes enfermiças que procedem das multifárias reencarnações, especialmente quando no trânsito das experiências primárias.

Profundamente marcado por hábitos, insalubres uns, perturbadores outros, todos eles são manifestação dos instintos em predomínio nas fases primevas, os seus reflexos condicionados automaticamente ainda se expressam em prejuízo da razão que se insinua no processo evolutivo suavemente.

À medida, porém, que se lhe desenvolvem a capacidade do raciocínio, o hábito de pensar com equilíbrio, apresentam-se-lhe novos horizontes propiciadores de ações dignificantes.

Ao mesmo tempo, a contribuição do sofrimento trabalhando-lhe o Espírito propõe diferentes costumes que se fixarão como futuros condicionamentos libertadores das paixões grosseiras a que se encontra habituado, ensejando-lhe as alegrias do bem-estar consciente.

Os hábitos constituem fenômenos psicológicos e sociológicos que a boa educação canaliza em favor da saúde integral e do progresso moral do indivíduo.

Em face do estágio em que se encontra é compreensível que se manifestem com maior frequência os costumes inferiores pertencentes à sua natureza animal, em detrimento da sua natureza espiritual.

O estudo sério e o interesse pela transformação moral e pela aquisição da harmonia encarregam-se de produzir a mudança do comportamento, fenômeno que ocorre com segurança e relativa lentidão.

Não são poucos os distúrbios de conduta que resultam dos hábitos agressivos, desconfiados, temerários... Prosseguindo, agridem o organismo físico e perturbam-lhe a estrutura, mediante somatização inevitável, que se transforma em tormento na área da saúde. Assim ocorrendo, o sistema imunológico é vitimado pelas descargas mentais mórbidas, alterando as suas resistências e tornando-o vulnerável à agressão de bactérias, vírus e outros agentes de destruição... Instalam-se, em consequência, algumas doenças que poderiam ser evitadas, caso fosse mantida a conduta saudável.

A mudança dos hábitos mórbidos e da acomodação emocional contribui para a renovação e a alegria de viver, proporcionando satisfações indescritíveis que fazem parte do processo existencial.

Enquanto o indivíduo não desperte para a sua realidade de ser integral que é – Espírito, perispírito e matéria –, res-

ponsabilizando-se pelas mudanças que se devem operar em seu mundo íntimo, a fim de modificar o comportamento, ninguém o poderá auxiliar no mister, que é exclusivamente seu. Desse modo, a renovação moral é pessoal e intransferível.

A estatística das reações humanas agressivas e perniciosas nos relacionamentos expressa a ideia do estágio evolutivo que predomina entre os indivíduos terrestres.

Conversações obscenas e eróticas, vulgaridades e pessimismo, censuras contumazes e reclamações, observações injustas e perversas, comentários deprimentes e venenosos são os mais comuns, com lamentável exaltação do chulo e do extravagante, nivelando-se as pessoas pelos valores depreciativos e infelizes do primarismo.

O ser humano está fadado à plenitude e o seu processo de iluminação é inevitável, cabendo-lhe o dever de estruturar-se nos princípios ético-morais que proporcionam harmonia interior e bem-estar emocional, de forma a sentir-se estimulado pela necessidade do desenvolvimento das faculdades superiores que o caracterizam como herança do amor sublime de Deus. Esse esforço é impostergável, impondo-se como necessidade para que ocorra a mudança de comportamento para melhor.

Certamente não será por efeito miraculoso, nem por golpe de sorte ou de ocasião, mas através do esforço combinado entre a vontade e a razão que oferecem os benefícios de grande importância para a saúde pessoal e a felicidade de viver.

Tendo-se em vista os desafios para a marcha ascensional, o Senhor da Vida oferece a bênção das sucessivas reencarnações, mediante as quais em cada etapa o Espírito desenvolve uma faculdade e uma aptidão, ou diversas simultaneamente, dependendo dos seus esforços pessoais, superando aquelas negativas e vivenciando aqueloutras saudáveis e libertadoras.

O erro, a ilusão do prazer, os comprometimentos são quase sempre inevitáveis, fazendo parte do próprio processo, no entanto, ao percebê-los, devem ser superados e logrados outros patamares, de modo que não interfiram nas ações novas que se devem tornar hábitos edificantes e enriquecedores.

As atitudes renovadas abrem espaço para novas aspirações e futuras conquistas, que aguardam o indivíduo que aspira à paz e ao encontro com a perfeita identificação com os objetivos gloriosos que a vida lhe propõe.

Pensando nessa problemática afligente que transtorna os indivíduos e as multidões desvairadas, elaboramos trinta temas de atualidade, que se referem aos conflitos humanos, às ocorrências sociais, políticas, comportamentais e religiosas, enfocando a necessidade de ser operada a modificação dos hábitos doentios que devem ser substituídos pelos saudáveis.

Analisamos esses fenômenos humanos sob a visão espírita, oferecendo os recursos próprios para a sua identificação e superação do seu jugo mórbido, ampliando a área de conduta daqueles que já compreendem a imperiosa necessidade de transformação moral e de conquistas internas.

Não se trata de contribuições fantasiosas ou utopistas, mas de colaboração racional e significativa, frutos da larga experiência vivencial no trânsito pelas existências pretéritas, de que nos fomos libertando sob as bênçãos de Jesus e dos esforços empregados.

Algumas dessas páginas foram publicadas oportunamente por alguns órgãos da imprensa espírita e profana.

Reaparecem aqui enfeixadas no presente livro, com algumas breves considerações, a fim de manterem a harmonia do conjunto e do tema a que nos propusemos.

Esperamos que possam contribuir em favor da aquisição da harmonia, produzindo hábitos novos alterados para melhor.

Não se trata de um vade-mécum *salvacionista e milagroso com regras de boa conduta, mas de modesta cooperação de nossa parte, resultado de demoradas reflexões em torno do Evangelho de Jesus à luz da Doutrina Espírita, no seu mais belo e profundo significado.*

Salvador, 06 de julho de 2009.
JOANNA DE ÂNGELIS

1

Convidados

Todo o Evangelho de Jesus é um hino de louvor à vida, uma canção de alegria, uma apoteose ao amor. Suas parábolas de sabor atemporal, apropriadas a todas as épocas, são música sinfônica narrando a epopeia de Espíritos ora famintos de luz que se fartam, noutros momentos aflitos na escuridão da ignorância e das autopunições em processo de libertação, que se reencontram e se tornam felizes.

A Sua dúlcida voz, enunciando os paradigmas da felicidade, penetra o âmago do ser humano, como um raio de luz que vara a treva e a vence de um golpe...

Todas as lições que oferece encontram-se ricas de atualidade como instrumento de edificação moral irrepreensível ou qual diretriz segura para o encontro com o bem-estar, com a saúde real.

Em a narração complexa em torno de um rei que, desejando celebrar as bodas do filho, mandou preparar um banquete e, de imediato, convidar as pessoas gradas que constituíam a sociedade distinta do país.

Desinteressados do que ocorria no palácio, esses eleitos maltrataram os emissários e não deram importância à invitação. Foram cuidar dos próprios interesses subalternos.

Surpreso com essa reação do seu povo, o monarca enviou novos mensageiros a outro grupo de cidadãos que igualmente desconsideraram a gentileza honorável. Cada qual se foi, como de hábito, atender aos objetivos que lhe diziam respeito, não considerando a oferenda que lhe era apresentada.

Além dessa indiferença, ficaram revoltados com a insistência e maltrataram os emissários, ultrajaram-nos e os mataram.

Irritou-se o rei e mandou suas tropas exterminarem os rebeldes e ingratos...

Apesar dos insucessos, insistiu o monarca com os seus servos, esclarecendo: – *As bodas estão preparadas, mas os convidados não eram dignos. Ide, pois, às encruzilhadas dos caminhos e chamai para as bodas a quantos encontrardes.*

Os servidores foram e arrebanharam maus e bons, ociosos e trabalhadores, ficando a sala nupcial cheia de convivas.

Jubiloso, o rei passeou pelo recinto e foi tomado de surpresa quando identificou um convidado que não vestia a roupagem nupcial, a quem indagou: – *Amigo, como entraste aqui sem veste nupcial?*

Ele, porém, emudeceu, empalidecendo constrangido.

Então o rei disse aos seus servos: – *Atai-o de pés e de mãos e lançai-o às trevas exteriores; ali haverá o choro e o ranger de dentes. Pois muitos são chamados, mas poucos escolhidos.*[1]

---

1 – Mateus, 22:1 a 14 (nota da autora espiritual).

A um leitor pouco atento, pode parecer paradoxal a atitude real, punindo um convidado que viera ao banquete de surpresa, conforme se encontrava no momento da invitação.

Sem dúvida, na extraordinária narrativa simbólica, decodificamos a mensagem partindo da Proposta Divina, na qual o Pai Celestial prepara a boda do Seu filho Jesus com a Humanidade e toma todas as providências.

Através dos séculos o Rei organizou o banquete das bodas com o povo que se acreditava eleito, dizendo-se-Lhe fiel, informando respeitá-lO e homenageá-lO como Único e Soberano. No entanto, em face da soberba, assim como das mesquinhas aspirações, ao ter notícia da ocorrência, indiferente às lições recebidas, desprezou os profetas que vieram anunciar o momento grandioso e os matou, rebelde, insensato, permanecendo no amanho da terra das suas paixões.

O Grande Rei enviou então o próprio filho, o *Noivo de Luz*, que não recebeu qualquer consideração, nem mesmo daqueles que Lhe foram comensais constantes, beneficiários do Seu amor, e desdenharam-nO, crucificando-O entre sarcasmo e desprezo...

O Rei misericordioso, então, compadecido da suprema ignorância dos Seus súditos de melhor condição, optou por enviar o convite a todos aqueles que eram destituídos de privilégios, de comodidades, os que eram considerados excluídos, *bons* e *maus*, que perambulavam pelas ruas e encruzilhadas do destino incerto, a fim de que participassem da festa especial.

Viviam em lugares de torpeza moral, em situações sórdidas e deploráveis, com as vestes rasgadas e os pés descalços.

O sapato era, então, símbolo de posição social de destaque, objeto de muito valor, que expressava a situação econômica do usuário...

Foram esses os convidados que aceitaram estar presentes no banquete de bodas.

Pode-se considerar que eles representam a moderna sociedade aflita, que deambula de um para outro lugar, buscando solução para os problemas, sem orientação nem sentido existencial.

Para esses veio *O Consolador* que os introduziu na sala dos festejos, oferecendo-lhes todos os acepipes valiosos para nutri-los, recuperá-los e libertá-los do caos interior...

No entanto, o *traje nupcial* que não se constituiu de indumentária exterior, mas de valores internos, é desprezado por diversos daqueles que se utilizam dos bens preciosos sem qualquer consideração para com o ato nupcial que deve ser consumado entre eles e o Filho dileto do Rei.

É natural que padeçam o efeito do desrespeito a que se permitem, deslizando para as regiões sombrias e profundas de sofrimentos, *atados pés e mãos* às fortes algemas da rebeldia e da desfaçatez.

A culpa neles se encontra em forma de tormento, como remorsos, insegurança de dignidade e complexos outros afligentes.

Sem qualquer relutância, a mensagem alcança hoje multidões, trombeteada pelas *Vozes do Céu*; incontáveis a ouvem, aceitam-lhe o convite, no entanto, somente aqueles que se investirem das insígnias das núpcias, ostentando as condecorações dos sofrimentos, as comendas da abnegação, distinguir-se-ão, e serão escolhidos.

Na atualidade do pensamento científico, tecnológico, sociológico e cultural, o convite para o banquete incomparável da plenitude alcança as mentes e os corações que estão despertos para a alegria de viver e de servir.

Repetem-se as invitações sonoras e gráficas, em músicas sublimes e em pergaminhos de luz, inundando o pensamento de sabedoria e o sentimento de paz, no entanto, a ufania e o utopismo, a arrogância e as vãs concepções desdenham, zombam, e não lhes dão importância.

Nesse concerto que poderia ser de beleza e harmonia, a patética do sofrimento espalha inquietação e incerteza, angústia e sombras, chamando à renovação, conclamando ao atendimento, tentando o despertar das consciências adormecidas.

A pouco e pouco, o entendimento em torno da responsabilidade imortal favorece-lhes a aceitação do convite e eles optam por se fazer presentes no banquete de bênçãos da imortalidade em triunfo.

Convidados!...

Autoeleger-se para ser escolhido em face da autodoação e da entrega ao amor incondicional é a fatalidade apresentada pela Lei de Progresso.

Em que classe de convidado te encontras?
Reflexiona e decide, porque o banquete de núpcias já começou...
Cuida de renovar as tuas atitudes.

2

Enfermos da alma

Olha em derredor, saindo um pouco do ensimesmamento ou da agitação, e os verás.
Eles estão em toda parte, solitários ou aturdidos na multidão, em silêncios tormentosos ou em excesso de verbalismo, caminhando sem rumo ou desinteressados da existência. Alguns apresentam a fácies característica do desequilíbrio, enquanto outros parecem equilibrados, sem o serem.

Transtornos de diversos tipos tomam conta da sociedade contemporânea, demonstrando que algo especial está ocorrendo no planeta.

Ao lado da violência, dos distúrbios do sexo ultrajado, da drogadição, dos vícios em geral, os estados inquietantes da alma aumentam significativamente a cada dia, a toda hora...

Tumulto e arrogância, agressividade e pessimismo, indiferença e desespero dão-se as mãos e, a pouco e pouco, dominam as criaturas.

O desrespeito aos valores ético-morais, a adoção de comportamentos esdrúxulos, a desconsideração pelas conquistas sociais e avanços culturais formam o painel sombrio da atualidade.

Não seja de estranhar o acontecimento, porquanto nos encontramos em plena *grande transição* do planeta para *mundo de regeneração* e a seleção natural dá-se de maneira ostensiva.

Esses Espíritos que optam pelo mal, que se entregam às licenças morais e aos despautérios, aos instintos agressivos que deveriam estar sob o controle da consciência e da razão, dispõem da grande oportunidade de transformação para melhor. Nada obstante, aferrados aos hábitos infelizes, preferem prosseguir na correria da insânia à adaptação aos padrões da sensatez, desperdiçando a nobre ocasião de crescimento interior e de autorrealização elevada.

Todos eles, porém, são nossos irmãos enfermos da alma.

Tombaram, sim, nos abismos da ignorância e perseveram nas disposições rebeldes a que dão valor, como se o sentido existencial pudesse ficar reduzido à penúria moral e ao galope da alucinação.

Considera o próprio comportamento, examinando como tens agido e conduzido a embarcação carnal em que te encontras, a fim de que não sejas carregado pela corrente volumosa das aflições.

Há carência de real afetividade entre os indivíduos, enquanto multiplicam-se o prazer mentiroso e os desejos infrenes nessas vidas sem diretriz de segurança.

Em toda parte os encontrarás: no lar, na oficina de trabalho, no educandário, nos vários grupos sociais, isolados ou formando clãs com os quais sintonizam, vivendo de forma promíscua...

As enfermidades morais são muito mais graves do que as físicas, sendo, aliás, uma das suas causas, por manifestar-se na organização fisiológica, afetando a emoção, a mente e o sentimento.

Não se dão conta da problemática infeliz, esses doentes, mesmo quando advertidos ou convidados à terapia renovadora em favor da saúde real.

Preferem ser *diferentes*, chamar a atenção pelo escândalo, através do comportamento extravagante, em afronta aos códigos do equilíbrio estabelecidos.

São infelizes e pretendem disfarçar o que lhes passa interiormente, o que sofrem e os torna rebeldes.

Nossos irmãos enfermos da alma aguardam pelo nosso contributo de paciência, de compreensão, de amizade sem exigências.

❋

Não te mantenhas indiferente aos irmãos em desalinho moral.

Inicia o teu treinamento de socorro discreto, mantendo o sentimento de compaixão, em silêncio que seja, sem os censurar ou maldizer, sem os agredir ou recriminar, porque, de alguma forma, já transitaste por caminho semelhante.

Agora é a vez de eles serem amparados e compreendidos pela misericórdia da caridade.

Nem sempre será fácil estar com eles, em razão das suas extravagâncias, dos seus arroubos ou rancores malcontrolados.

Armam-se de animosidade em mecanismo de autodefesa, para não serem molestados na conduta em que se comprazem, porque estão incapazes de amar e de modificar-se seguindo a trilha do bem.

Sem que interfiras na sua existência, permite que eles percebam que és um amigo disponível, que estás às ordens, que eles contam contigo, quando se resolvam por procurar-te.

Evita, desse modo, a postura puritana e cruel, como se estivesses indene a erros e a compromissos infelizes.

Numa longa viagem, ninguém jamais se pode considerar triunfador, enquanto não chegue ao final, porquanto de um para outro momento pode surgir algum empecilho, embora o esforço aplicado não consiga ultrapassá-lo para atingir a meta.

Assim também ocorre na existência carnal, em cujo percurso há sempre possibilidade de comprometimento desastroso, despertamento de emoções adormecidas que geram aflições.

Se te dispuseres a amá-los, usa a palavra gentil e compreensiva, mantém as atitudes fraternais e a bondade compassiva, de forma que seja facilitada a construção da ponte da amizade por onde transitarão as suas dores em tua direção e os teus medicamentos de amor no rumo delas.

Ninguém se deve eximir ao dever de contribuir em favor do mundo melhor, mesmo correndo alguns riscos inevitáveis, desde que a indiferença ante a dor do próximo significa aproximação de futuras aflições que não foram interditadas.

Constituímos uma família, e torna-se indispensável que pensemos em termos de unidade, de identificação fraternal, de compreensão.

A resistência de uma corrente encontra-se no seu elo mais fraco, também no organismo social a sua grandeza ou miséria está presente no ser mais frágil.

Contribuir em favor da sua edificação é dever de todos aqueles que desejam a própria como a felicidade geral.

Sai, então, da comodidade, das precauções exageradas para que nada de mal te aconteça e enfrenta a dor, na condição de enfermeiro da misericórdia, socorrendo os nossos irmãos enfermos da alma.

Num incêndio, ninguém deve permanecer indiferente, esperando que venham os bombeiros para solucionar a problemática. Enquanto esses especialistas não chegam, faze algo, por mais insignificante que te pareça, que terá sempre um sentido de apoio e de solução para o grave problema.

Os incêndios nas almas aguardam pela gota de água dos corações afetuosos e pacíficos.

Jesus sempre esteve cercado pelos enfermos da alma: publicanos, pecadores, necessitados, mendigos, enfermos...

Era censurado pelos fariseus hipócritas e pelas demais classes dominantes que permaneciam distantes da aflição do seu próximo.

Ele nunca lhes deu importância. Veio para demonstrar o amor de Deus pelos Seus filhos, entregando-se, sem fadiga, ao ministério do amor.

Combatido ou interrogado pelas razões do Seu proceder, compreendia o atraso moral dos seus inquisidores e narrava-lhes parábolas, através das quais lecionava compaixão e misericórdia, amor e caridade, oferecendo um legado luminoso para todas as épocas da Humanidade.

Embora os teus limites, faze o mesmo.

Desincumbe-te da parte que te compete: amar e servir sem desfalecimento, porquanto os nossos irmãos enfermos da alma estão mais próximos do que parece, não te podendo considerar ainda realmente saudável, assim fazendo parte da imensa legião de sofredores que buscam amparo em Jesus, que nunca se recusou a atender os aflitos e incompreendidos.

Dá início às tuas atitudes renovadas...

3

A BÊNÇÃO DA REENCARNAÇÃO

Considera o teu estágio na Terra, no corpo físico, uma oportunidade especial para o teu crescimento espiritual.

Esforça-te por aproveitar cada momento da superior experiência evolutiva, a fim de poderes amealhar valores imperecíveis que te acompanharão para sempre.

Tem em mente que o processo evolutivo é realizado através de etapas formosas que proporcionam o aperfeiçoamento moral, a libertação dos atavismos perturbadores, a conquista de bens internos intransferíveis.

Não malbarates os ensejos de aprendizagem através do jogo ilusório do prazer insaciável, mantendo a certeza de que o tempo é amigo daquele que o utiliza com sabedoria, tornando-se adversário silencioso de quem o gasta na inutilidade.

A viagem corporal constitui recurso de alta valia para a aquisição da plenitude, o que equivale dizer, da autorrealização, que se converte em paz interior e em sentimento de felicidade.

O corpo é instrumento do Espírito que o deverá comandar seguramente com disciplina e amor.

Dotado de impulsos resultantes do fatalismo biológico, a razão e a consciência devem constituir-lhe orientação segura e recurso de sabedoria para a solução dos desafios e o enfrentamento das dificuldades que são naturais.

Não o desgastes futilmente, porquanto ele te responderá conforme a maneira com que utilizes a sua vitalidade.

De acordo com a forma como te conduzas mentalmente, ele refletirá os teus anseios e necessidades de maneira gentil ou através de inquietações e sofrimentos contínuos.

Engajado na organização material, o Espírito tem por objetivo administrar-lhe a conduta, orientar-lhe os sentimentos, desenvolver as emoções superiores, a fim de conseguir a compreensão legítima da finalidade existencial.

Reserva as tuas reflexões para o desempenho das tarefas que terás de atender, porque todos aqueles que retornam à vida física estão comprometidos com a retaguarda.

Mesmo os missionários do amor, da caridade, da ciência, da religião, da política e das realizações humanas aceitaram a experiência do retorno, por gratidão às conquistas passadas, oferecendo-se para auxiliar todos aqueles que se encontram na retaguarda, à semelhança de estrelas em noite escura...

Recebe o retorno das tuas ações, como quer que se apresentem na atualidade, modificando a estrutura daquelas que te afligem e sublimando aqueloutras que te alegrem.

O Espírito é sempre o construtor dos projetos evolutivos dentro das leis vigentes no Universo.

De acordo com as suas reflexões mentais, palavras e atos, desenha os planos para o futuro que o aguarda silenciosamente, mas inflexível.

Ninguém, por isso mesmo, pode evadir-se da consciência, dos deveres relevantes, do crescimento espiritual.

As Leis Divinas estabelecem que o progresso é irrefragável, e nada o detém. Pode-se estacioná-lo no caminho por algum tempo. No entanto, momento chega em que o amor de Deus enseja a expiação ao calceta, e ele, encarcerando-se no corpo, impossibilitado de complicar o processo de evolução, reeduca-se, desperta para a realidade.

Seja qual for a situação em que te encontres hoje na jornada física, agradece a Deus a oportunidade ímpar, por oferecer-te os instrumentos de libertação e de felicidade.

❦

Se defrontas sofrimentos e inquietações, reserva-te a serenidade, e continua agindo com equilíbrio, de forma a fruíres mais tarde a paz que ora te falta.

Se te encontras algemado a limites e a dores excruciantes, mantém a paciência, porque esse fenômeno logo passará, facultando-te emoções grandiosas.

Se experimentas solidão e desconforto, guarda a confiança em Deus e avança, mesmo que chorando, na expectativa dos reencontros felizes e das alegrias inefáveis.

Se te atormentam alguns Espíritos inferiores, que te inspiram ideias perturbadoras e te exploram as resistências, ora por eles e ama-os quanto possas. São os irmãos que deixaste desafortunados em dias não muito distantes.

Se encontras adversidades por onde deambulas, recolhe as lições delas defluentes, porque as semeaste ontem, tendo agora o ensejo de recolhê-las e superá-las.

Se sofres humilhações e adversidades em toda parte, não recalcitres contra o aguilhão, antes compreende que essas experiências irão fortalecer-te interiormente, da mesma forma que os vendavais enrijecem as árvores que lhes sofrem a violência.

Tudo tem uma razão de ser no Universo. Mesmo aquilo que não entendas, está vinculado a causas legítimas que desencadearam esses efeitos afligentes.

As Leis Morais que vigem em toda parte, emanadas de Deus, são soberanas em sua justiça e alcançam todos os Espíritos bons e maus, superiores e inferiores, angélicos e perversos, naturalmente de acordo com o seu nível de evolução.

Se permaneceres confiante e trabalhando pelo próprio crescimento espiritual, fruirás alegrias desde o momento em que te entregues ao mister. O fato de estares a serviço do bem e da verdade, do dever e da dignidade, já constitui divina dádiva, que estás transformando em sabedoria.

Ninguém transita na Terra sem experienciar o resultado dos seus atos anteriores, o que é perfeitamente compreensível.

Grande número de queixosos afirma que não se lembra do momento em que delinquiu, o que lhe serviria de justificativa para não resgatar afrontas nem crimes.

Deus concede o parcial olvido do passado, por compreender que as lembranças boas ou más não se restringem apenas ao indivíduo, mas ao grupo no qual se movimentou, facultando-lhe, então, caso recordasse, tomar conhecimento das ocorrências que foram praticadas pelos demais da esfera fraternal.

Todavia, esse olvido não é total, porquanto, através dos impulsos emocionais, das tendências, das ocorrências, todos têm conhecimento de como devem ter sido.

Ademais, graças à mediunidade, às recordações espontâneas, quando necessárias, a alguns sonhos, volvem as cenas felizes ou desventuradas, ressurgem os afetos ou os adversários na paisagem mental.

O importante, portanto, é o hoje, não o que se foi, aquilo que desencadeou a ocorrência que agora vives.

Desse modo, aquieta os sentimentos doridos, procura compreender os objetivos existenciais e atua no bem tanto quanto te seja possível.

Faze um pouco mais: vai além dos teus limites...

Inscreve-te, de imediato, emocionalmente, nos compromissos de iluminação interior, e trabalha para que a Luz Divina de onde procedes desenvolva-se no âmago do teu ser, clareando-te totalmente e tornando-te uma chama que esparze claridade e alegria.

A reencarnação é tesouro de elevado significado e grandioso valor.

Vive-a com serenidade e júbilo, burilando-te espiritualmente e avançando pela estrada que Jesus percorreu, nela deixando Suas pegadas luminíferas.

Também Ele, que não tinha dívidas, experienciou amarguras e incompreensões, sofreu perseguições inclementes e dolorosas, prosseguindo, porém, afável e gentil, mesmo com aqueles que tentavam dificultar-Lhe o Ministério Divino.

Se malbaratas esta chance, não te poderás queixar nem aspirar por nova oportunidade com rapidez, porque a marcha de progresso obedece a códigos que não podem ser desconsiderados.

Abençoa, desse modo, a tua atual existência, com as lições do Evangelho de Jesus, vivendo-as no dia a dia, feliz e agradecido a Deus com as tuas atitudes renovadas.

4

Pensamento e bem-estar

A força dinâmica geradora e mantenedora do Universo é o Divino Pensamento.
Através do pensamento o ser humano expressa-se por intermédio de complexas engrenagens, que se estruturam em linguagens variadas e ações realizadoras.

Bem pensar é a elevada forma de viver.

De acordo com o teor vibratório do pensamento – bom, regular, mau ou infeliz –, pode-se aferir o nível moral do indivíduo.

Em razão disso, cada qual vive no mundo edificado pelo seu pensamento.

Embora todos se encontrem na mesma comunidade, vinculando-se ou não pelos laços consanguíneos, diferem razoavelmente pelos conteúdos mentais que produzem e que exteriorizam.

Graças à educação mental e moral, o pensamento emite ondas vigorosas que contribuem para o bem-estar, não somente daquele que o cultiva, assim como daqueles que o cercam.

Quando ocorre o contrário e o indivíduo se permite o luxo das construções mentais doentias, perversas e insensatas, tomba nos resvaladouros emocionais, conduzindo lixo psíquico que se transforma em toxinas destruidoras.

Cada comportamento mental possui o seu correspondente emocional, que culmina em somatização específica.

Pensamento e saúde são, portanto, termos da mesma equação da vida.

Toda obra tem início no pensamento, que se responsabiliza pela ideação a ser transformada em realidade.

Como ninguém saudável vive sem pensar, é ideal que se opte pela forma eficaz e positiva em favor das suas construções morais.

Aquele que não tem bons, possui maus pensamentos, não havendo, nessa área, um tipo de neutralidade em que a mente nada elege.

A preferência pelos pensamentos perturbadores tem a sua origem nos hábitos doentios arraigados, que procedem das experiências anteriores, quando o Espírito vivenciou amargos e dolorosos comportamentos.

A necessidade imperiosa de renovar-se impõe-se-lhe como condição indispensável para a conquista da harmonia em favor da existência saudável.

Velhas construções mentais, defluentes dos vícios de conduta primitiva, devem ceder lugar a experiências novas de edificação moral, objetivando realizações comprometidas com a ética, com os princípios de equilíbrio que devem viger no íntimo e na sociedade.

Para que seja conseguido o tentame, faz-se mister a elaboração de um código de bem proceder, dentro do eixo *ego–Self* em perfeita sintonia.

Muitos transtornos psicológicos procedem dos costumes mentais inferiores que levam a fugas emocionais, ao *vazio existencial*, a distúrbios complexos e de difícil liberação.

Jesus, na Sua condição de psicoterapeuta, conhecendo-lhes os pensamentos – daqueles que tentavam perturbá-lO –, interrogou-os: ...*Por que pensais o mal em vossos corações?* [2]

Ele sabia que o mal preservado no *coração* é responsável pelas misérias que assolam o caráter do indivíduo e o envilecem.

Sendo o Seu o Ministério de Amor, Ele trouxe a mensagem de esperança e de paz, a fim de que os pensamentos humanos se concentrassem na edificação do *Reino de Deus* na Terra, através da lídima fraternidade e da nobre compaixão.

Não te permitas as fixações mentais infelizes, que prosseguem, mesmo após o abandono do carro orgânico pela morte física.

Cada qual desperta no Além-túmulo com as reflexões que lhe exornaram a marcha, com as ideias que mantiveram durante a existência.

Aprende a cultivar os pensamentos edificantes, aqueles que alimentam a casa mental e se transformam em bênçãos insuperáveis.

És o que cultivas no mundo íntimo através dos teus pensamentos.

Quando te acercas de um jardim, logo és surpreendido pelo aroma das flores, da mesma forma que ao te aproximares do pântano, de imediato sentes o odor pútrido que exala.

---

2 – Mateus, 9:4 (nota da autora espiritual).

Os pensamentos são os benfeitores frequentes ou os algozes constantes, de acordo com a ideação de que sejam instrumento.

Em face dessas reflexões, sempre estarás em companhias físicas e desencarnadas cujo teor mental se encontre em perfeita afinidade com o teu.

Processos obsessivos de longo curso originam-se nos desregramentos mentais, como efeito dos atos perniciosos praticados em existências passadas e preservados mentalmente, o que facilita a vinculação entre a vítima anterior e o seu algoz atual...

Ocorrendo a mudança de conduta mental, mais facilmente se convence o perseguidor do erro em que persevera, facilitando a libertação do enfermo da alma.

Noutras circunstâncias, as reflexões doentias, os pensamentos negativos proporcionam a depressão, abrindo campo para tormentos evitáveis.

À medida que te elevas pelo pensamento, sucedem-te ocorrências agradáveis, geradoras de alegria e de bem-estar, que transformam a tua existência, auxiliando-te na escalada ascensional.

Fenômenos telepáticos frequentes, conscientes e inconscientes, dão-se em razão dos pensamentos que se identificam no *mundo vibratório*, gerando vinculações correspondentes à onda de que se revestem.

Todos podem modificar os hábitos de pensar, cultivando ideias relevantes, através de leituras sadias, de conversações úteis, de convivências saudáveis.

Aquele que, no entanto, prefere a preservação dos comportamentos afligentes, com os quais parece adaptado, responde pelos próprios insucessos, sem as escusas de que é a má sorte que o persegue, o destino que lhe é revel.

Da mesma forma, aquele que se esforça por substituir os hábitos mórbidos por outros de natureza equilibrada, transfere-se do patamar em que se encontra para outros níveis de aspirações e de sentimentos que tipificam as esferas do bem e da luz.

Nunca cesses de tentar as alterações mentais que se te façam necessárias.

Se não consegues alterar, de um para outro momento, as expressões do pensamento, insiste, perseverando, e criarás novos hábitos que se te incorporarão, aprofundando raízes e envolvendo-te em clima de paz.

Traições, guerras, crimes de todo porte, assim como fidelidade, paz e trabalhos do bem se originam no pensamento que os fomenta.

Por fim, não te esqueças de que os pensamentos tomam forma e plasmam os aspectos correspondentes aos teores vibratórios de que se constituem.

Vivendo nessa psicosfera, serás feliz ou desventurado por livre eleição.

❋

Sempre estarás pensando.

Asseveram alguns estudiosos do pensamento que o indivíduo normal, em 24 horas, elabora cerca de 95.000 pensamentos.

Lamentavelmente, a grande maioria é constituída de ressentimentos, interesses vis, paixões negativas, anseios libertinos, repetitivos, vulgares, quando não são elaborados em formas inexpressivas.

Quando puderes utilizar dessa força com sabedoria e proveito, transforma-lo-ás em uma alavanca tão poderosa que será fácil *mover o mundo*.

O ser humano vem controlando as forças da Natureza com relativo êxito, conquistando os espaços e melhorando a existência. Quando, porém, controlar o pensamento terá descoberto por segunda vez o fogo, vivenciando atitudes renovadas!

5

Considerações

sobre a tristeza

Os sentimentos humanos expressam-se de variada forma, com flutuações que determinam o equilíbrio, a saúde mental e emocional ou os estados patológicos, necessitados de tratamento.

A tristeza não é o inverso da alegria, mas a sua ausência momentânea.

É um estado que conduz à reflexão e não ao desinteresse pela vida, à contemplação dos valores vividos e não à melancolia, mas à análise das necessidades reais ainda não expressadas...

Ante a temerária depressão generalizou-se o conceito de que a tristeza, a melancolia e a antiga acédia ou acídia são todas a mesma expressão do sentimento.

A tristeza, porém, é um fenômeno natural que ocorre com todas as pessoas, mesmo aquelas que vivenciam os mais extraordinários momentos de alegria. Pode ser considerada como uma pausa para a compreensão da existência, avançando no rumo do júbilo.

A melancolia é um estado de *saudade* de algo conhecido e perdido ou desconhecido e não experimentado que, em se prolongando, pode transformar-se em depressão.

Enquanto a tristeza convida à viagem interior, propondo avaliação de comportamento e consideração de valores aceitos, a melancolia normalmente é resultado de algum tipo de perda, incluindo-se a desencarnação de algum ser querido. No início, é natural que ocorra, no entanto, em se prolongando por algumas semanas, converte-se em transtorno depressivo, que necessita de competente tratamento.

A sociedade contemporânea estabeleceu que a alegria deve ser um estado constante de todos os indivíduos, significando êxito, realização nos relacionamentos, triunfo social e econômico, conquista de posição relevante. Em consequência, há um estereótipo representando alegria, mesmo quando o coração chora e o espírito se debate em conflitos e dores não exteriorizados.

Ninguém pode viver em alegria permanente, o que seria igualmente patológico, uma forma de alienação da realidade, que sempre exige seriedade, esforço e trabalho, a fim de ser vivida em forma edificante.

A frivolidade apresenta-se, quase sempre, em alegria leviana, irresponsável, porque desvia a pessoa das responsabilidades que lhe dizem respeito, flutuando na indiferença entre os deveres e os prazeres.

Não se pode nem se deve afivelar a máscara da alegria televisiva na face, demonstrando um júbilo que não é real, porque o próprio organismo, a cada momento, passa por alterações que modificam o humor, convidam ao silêncio, à reflexão, ao refazimento de atitudes.

Quando se tem a preocupação de exteriorizar alegria contínua, tal fenômeno caracteriza insegurança, portanto, interesse de teatralizar as emoções.

É normal a tristeza e, algumas vezes, benéfica, pois que faculta um mecanismo de retrocedimento mental para revisão e análise em torno de acontecimentos e vivências que necessitam ser considerados.

Pode acontecer, igualmente, que, de um instante para o outro, perceba-se que aquilo que se está fazendo não é exatamente o que se gostaria de realizar, abrindo espaço para certa tristeza que irá contribuir para refazer experiências e viver-se conforme os novos padrões emocionais.

A felicidade expressa-se no conjunto tristeza-alegria, na condição de ponte que une distâncias aparentemente opostas.

Não são poucos aqueles que possuem os preciosos recursos econômicos, os triunfos sociais e políticos, religiosos e artísticos, ou de outro tipo, experimentando solidão e *vazio existencial*, que têm origem em reencarnações anteriores.

Não possuindo estrutura moral segura, esse paciente foge para os alcoólicos, as drogas aditivas, o sexo apressado, mantendo o riso e a falsa alegria, parecendo realizado, para logo tombar em estados dolorosos de melancolia e depressão.

❋

Na cultura grega a melancolia era considerada, ora como punição dos deuses, noutras circunstâncias, como condição necessária para receber-lhes a inspiração.

Aristóteles, por exemplo, narra que Sócrates e Platão periodicamente a experimentavam, sendo, então, por eles inspirados.

Consideramos, neste texto, a melancolia como a tristeza, o recolhimento, a necessidade de silêncio interior, por cujo estado mais facilmente sintonizavam com o pensamento espiritual procedente das Esferas superiores, dos Espíritos nobres que os orientavam.

Liev Tolstói, o célebre escritor russo, vivenciou uma grande tristeza que lhe exigiu reflexões profundas em torno do existir, do porvir, do viver. Encontrando-se na melhor fase da sua carreira de escritor, amado por uma família feliz e conhecido praticamente em todo o mundo, respeitado e rico, repentinamente começou a contestar a própria existência, tendo impulsos quase suicidas, que lutou para evitar e corajosamente superou. Não chegou a entrar em depressão, mas a considerar que os valores até então aceitos e disputados eram vazios, não lhe conseguindo mais preencher o íntimo com reais alegrias.

Depois de grande interiorização, leu o Evangelho de Jesus e nele encontrou a resposta, a verdadeira alegria, mudando o *modus vivendi*, repartindo a fortuna, os bens, assumindo postura simples e o comportamento de cidadão modesto, tornando-se irmão do seu próximo e dando lugar a uma verdadeira revolução, em face daqueles que o seguiram nessa decisão.

Perseguido pela religião dominante na Rússia, como herege, declarou sua crença no Deus justo, de amor, de misericórdia e de justiça, Pai de todas as criaturas que tinham o mesmo direito de ser felizes na Terra.

Quando o Espírito, que tem sede de paz e de plenitude, descobre que está engessado nos compromissos sociais, atrelado ao relógio que lhe comanda todos os momentos, obrigado a comportar-se de maneira padronizada, livre, mas escravo das imposições dos *multiplicadores de opinião* da mídia mercantilizada, mais interessada nos mecanismos do consumo do que na criatura em si mesma, desperta desse letargo, dessa ilusão que se permite, experimenta tristeza pelo tempo malconduzido.

Trata-se de uma tristeza saudável e enriquecedora, essa que se manifesta não como infelicidade, mas como terapia para o excesso de risos e de aparências...

A preocupação que toma conta da sociedade contemporânea em parecer é tão grande que se estabeleceram padrões para a beleza, o comportamento, a alimentação, os relacionamentos, as posturas do triunfo e a conquista dos *minutos de holofotes...*

A tristeza, portanto, tem vez em qualquer comportamento moral, social, religioso, individual, trabalhando o indivíduo para a renovação interior e a conquista de valores mais profundos e significativos do que os existentes e consumidores.

Nada obstante, não se deve cultivar a tristeza como necessária para o discernimento a cada instante ou em toda parte.

Fenômeno psicológico transitório, deve ceder lugar à reflexão, ao despertamento e à valorização dos tesouros morais, culturais e espirituais.

A tristeza sem lamentação, sem queixas, sem ressentimentos, é, pois, psicoterapêutica, de vez em quando, para a conquista real do equilíbrio, com discernimento do que é lícito e deve ser conquistado.

❂

Muitas vezes Jesus chorou de tristeza contemplando a loucura humana, o seu desequilíbrio, o desinteresse pelo verdadeiro e a ambição pelo mentiroso.

Sorriu, também, quando choraram aqueles que O foram ver no sepulcro, então ressuscitado, como houvera antes muitas vezes chorado.

Mergulhou em tristezas, em muitas ocasiões, quando, por exemplo, buscou o deserto para meditar, quando incompreendido pelos exploradores do povo, quando encontrou o Templo transformado em mercado de interesses inferiores, quando no Horto das Oliveiras...

A tristeza era-Lhe familiar, embora Ele houvesse trazido as *Boas-novas de alegrias* para a Humanidade.

Não cultives a tristeza nem fujas dela, aceitando-a, quando se te apresentar e retirando o melhor resultado da oportunidade de reflexão que te proporcione.

Com esse comportamento estarás experimentando atitudes renovadas.

6

Tempos narcisistas

Desde há trezentos anos, mais ou menos, com o surgimento das doutrinas liberais, do iluminismo, do cientificismo, do modernismo, a sociedade humana lentamente vem abandonando a fraternidade decantada na Revolução Francesa de 1789, para assumir uma identidade egoísta, narcisista.

Ante as indiscutíveis conquistas da cultura, da ciência, da tecnologia, desenha-se, lentamente, o individualismo a desserviço da comunidade, trabalhando uma vivência antropocêntrica, toda baseada nos interesses pessoais, ficando à margem aqueles que poderiam beneficiar todo o organismo social.

Nos dias atuais, o distanciamento que se apresenta entre os indivíduos leva-os a situações inquietantes, avançando no rumo de problemas graves de comportamento.

Preocupados com as imposições do mercado de consumo, os valores éticos lentamente cedem lugar àqueles de natureza imediata, que resultam em poder e em prazer, como se a existência não tivesse outro objetivo, com total olvido da intemporalidade do corpo físico, da sua fácil desintegração, das transformações que nele se operam a todo instante, rumando para a morte...

A busca dos recursos próprios para o exibicionismo confundido com felicidade vem induzindo à ansiedade mórbida, ao abuso dos usos, à aparência em detrimento da realidade interior, tornando-se metas principais da existência a conquista da beleza exterior e da sua preservação através dos recursos em disponibilidade.

Implantes e cirurgias plásticas, cosméticos e ginásticas modeladores do corpo ideal tornam os indivíduos seres coisificados para o comércio da ilusão e do gozo insano.

Há doentia demanda pela autopromoção com esquecimento significativo da reflexão, da beleza interior, da harmonia, que são fatores básicos para a real conquista do bem-estar.

A propaganda bem-direcionada e exploradora extorque os sentimentos elevados que são substituídos pela ânsia de consumo, descartando-se o de ontem para a aquisição daquilo de agora, mesmo sabendo-se que logo mais estará igualmente ultrapassado.

Não importam as emoções superiores, que se tornam frias, indiferentes ao que acontece com o outro, o seu próximo, desde que não lhe cause imediato problema ou mesmo preocupação, como se o incêndio na casa vizinha não lhe ameaçasse o próprio lar de ser comburido pelas mesmas chamas.

Essa cultura doentia vem dando lugar ao desespero dos desafortunados, que se armam de violência e tomam pela força aquilo que lhes é negado pelo dever de humanidade, ampliando-se os quadros da agressividade e do ressentimento em proporções preocupantes.

Aumenta o exorbitante abuso do gozar e do poder, diminuindo o respeito pela vida e todas as suas expressões, dando lugar ao convulsionado comportamento da competitividade insana.

Tudo é rápido, no tempo sem tempo, sem oportunidade de apreciação, de análise, de vivência aprazível do que se consegue.

A cooperação, o sentido de união e de fraternidade vão desaparecendo, manifestando-se apenas quando resultam benefícios imediatos para aqueles que se aproximam.

Tem-se a sensação de que o amor empobreceu e se transformou em expressão de consumo, permutando-se os sentimentos mascarados enquanto vigem os proveitos.

A falta, porém, do amor no ser humano, torna-se grave problema existencial que o conduz ao desespero, mesmo que silencioso, ao sofrimento desnecessário, que poderiam ser resolvidos no aproximar-se um do outro com objetivo destituído de lucro.

❧

O narcisismo é prática antissocial, que degenera em corrupção moral e insensibilidade emocional.

Preocupado somente com a sua imagem, o narcisista opera segundo as manipulações que lhe ofereçam resultados lucrativos, elogios e aplausos ilusórios.

Dominadas pelo capitalismo perverso, as criaturas são educadas para usufruir ao máximo, trabalhando-se em favor do individualismo que se sobrepõe às mais avançadas técnicas proporcionadoras da vida feliz.

As empresas, insensíveis aos seus servidores, visam apenas ao lucro, atendendo aos impositivos legais, longe, no entanto, da retribuição verdadeira àqueles que fazem parte do seu organismo social. Seus executivos pensam apenas no crescimento e nas rendas da entidade, sendo vítimas, periodicamente, dos conflitos econômicos e das oscilações das ações nas bolsas de valores em ascensão e quedas frequentes.

O objetivo real da vida é proporcionar ao Espírito o desenvolvimento dos recursos divinos nele ínsitos e adormecidos, que são capazes de guindá-lo à real alegria e à saúde integral.

Olvidando-se esse sentido existencial, o tempo juvenil é gasto no acumular do poder e no fruir do prazer, alcançando patamares de insatisfação e perda de significado psicológico, que levam às fugas espetaculares para o abismo de si mesmo, desidentificando-se da própria realidade.

Essa perda de identidade pessoal, de similitude ao então conceituado, é mais profunda do que parece na superfície, em face do desgaste emocional no jogo do que se é interiormente e daquilo que se deve apresentar por fora.

Em face desse consumismo narcisista, houve perda inevitável da realidade, em virtude das imposições do tempo, que devem estar adstritas aos jogos interesseiros.

Onde predomina, porém, o egoísmo, desfalece o sentimento de humanidade.

Necessário reverter-se esse quadro infeliz, conforme já vem ocorrendo em alguns setores científicos e culturais, inclusive na medicina que recomenda o amor como a mais saudável terapia preventiva e curadora em relação aos diversos males da sociedade antropocêntrica.

Lentamente se torna necessária a volta à consideração das coisas simples e puras da existência, aos acontecimentos ingênuos e belos dos relacionamentos humanos, à contemplação da beleza das paisagens, às considerações em relação à Natureza e à sua preservação.

Vivendo-se artificialmente, o tédio e o desespero dão-se as mãos e saem em busca da harmonia e da confiança perdida, do amor, ou derrubam as suas vítimas nos poços profundos da alucinação.

Descrentes do significado do amor, porque foi confundido com desejo e sexo, os indivíduos redescobrem a fraternidade, a compaixão, a solidariedade, e ressurgem os sentimentos afetivos vitalizando as débeis forças que se consumiram no tráfico das paixões servis.

A compreensão, portanto, da fragilidade orgânica, das mudanças que se operam em todos os sentidos enquanto se encontra o Espírito no corpo físico, faculta uma visão diferenciada do narcisismo e nasce o desejo de repartir, compartir, solidarizar-se.

Quem elege a solidão, candidata-se ao abandono.

Quando se escolhe a solidariedade, encontra-se a retribuição.

❦

Dizem que o sentido do amor desapareceu por falta de correspondência, por traição e infâmia, por falta de vitalidade.

A alegação é falsa, porque destituída de significado. Mesmo que alguém não retribua o afeto ou o degrade, isso não significa a fraqueza do seu conteúdo, senão a debilidade moral do indivíduo.

O amor é dinâmico e produtivo. Caso alguém o desrespeite ou lhe traia a confiança, ele permanece intocável, à semelhança da luz solar que beija o pântano e a pétala da rosa mantendo-se integral, inatingível.

É inevitável que o narcisismo ceda lugar, na cultura do futuro, nesse vir a ser que se desenha para o porvir, sendo substituído pela fraternidade que vigerá nas mentes e nos corações como passo inicial para a plenitude do amor que tanta falta faz à civilização hodierna.

7

A noite escura da alma

Nenhuma criatura humana se encontra na Terra sem atravessar, vez que outra, a noite escura da alma.
Ela se constitui de aflições inesperadas que defluem das circunstâncias existenciais e dos desafios que devem ser enfrentados durante o périplo carnal.

Surge na condição de vivências emocionais frustrantes, nas quais o desencanto e a amargura substituem as expectativas de alegria e de bem-aventurança.

Apresenta-se quando se esperam solidariedade e compreensão, experimentando-se, porém, calúnias e acusações indevidas.

Problemas econômicos e circunstâncias sociais, desemprego e fracasso nas lutas sombreiam a alma, envolvendo-a em escuridão, às vezes aparvalhante.

O sorriso de júbilo que expressa alegria interior, repentinamente se transforma em esgar, em consequência de incompreensões propositais, nascidas na inveja de outrem, na competição doentia dos pigmeus morais, produzindo desespero incontido nos sentimentos antes joviais.

Normalmente, as opiniões dos outros, nem sempre favoráveis aos anseios do sentimento e das aspirações, se convertem em terríveis pesadelos que povoam a noite escura de dor e insegurança de quem antes caminhava pleno de alegria.

A maioria dos indivíduos experimenta emoção satisfatória, porém, quando recebe elogios, mesmo que não correspondam à realidade. No entanto, diante de qualquer crítica, especialmente aquelas que não se justificam, rebela-se, derrapando em desencanto e sombras interiores.

Vítimas do próprio *ego*, preferem a ilusão dourada à realidade.

Jesus afirmou com sabedoria que, no mundo, somente se experimenta aflição, tendo em vista a condição moral do planeta.

No entanto, acreditando-se inatacáveis, deixam-se inquietar quando estão sob a alça de mira da perversidade, do despeito, da inferioridade do seu próximo infeliz...

É, portanto, o *ego* presunçoso que responde pelo sofrimento que se lhe aninha no íntimo, quando não compensado pelos esforços desprendidos em qualquer área do comportamento evolutivo.

Aprender a enfrentar a realidade é o dever de todo lutador honesto, especialmente quando a serviço da causa do bem, da justiça, da verdade...

Não há, por enquanto, lugar de segurança para esses lidadores, porque a psicosfera do planeta é morbífica, impondo desassossego e sofrimento.

A insistência no reto proceder, sem a preocupação do aplauso nem o receio da crítica destrutiva, deve constituir meta a ser alcançada por todo aquele que se propõe à edificação do Reino de Deus entre as demais pessoas, ou à simples tarefa de reverdecer o solo dos corações ressequidos.

A resposta da terra generosa nem sempre é imediata, e quando o labor se direciona à dos sentimentos humanos, mais difícil faz-se o empreendimento.

O ser, em si mesmo, nunca se deve permitir aceitar ofensas por nada que venha de fora, e essa segurança é adquirida pelo empenho de continuar fiel ao compromisso abraçado, constituindo-se exemplo que, um dia, se tornará imitado.

✣

Na essência de si mesmo, cada qual é o que realmente construiu e fixou com a segurança da consciência tranquila.

O elogio não lhe aumenta a capacidade de produzir, nem a acusação doentia lhe diminui a grandeza pessoal.

Se o indivíduo observar o mar, notará as ondas sucessivas arrebentando-se na areia, em contínua agitação, produzindo erosão, alterando a paisagem. No entanto, um pouco abaixo da sua superfície, há tranquilidade e a vida estua em abundância.

Nada obstante, a cadeia alimentar se mantém naquele abismo através da incessante morte de uns seres em favor da preservação da vida de outros.

A luta, a contínua batalha pela vida, está presente em todo lugar, mantendo a permanência dos mais fortes, dos melhores aquinhoados, daqueles que possuem os recursos mais sofisticados para sobreviver.

Tem sido assim desde os primórdios de quando o planeta passou a ser habitado.

A luta pela vida, na qual os espécimes mais hábeis sobreviveram, tornou-se uma das bases para as reflexões de

Charles Darwin, antes da apresentação da sua valiosa tese a respeito do evolucionismo.

Todos os grandes missionários da Humanidade atravessaram sem queixa a noite escura, nos respectivos labores a que entregaram a existência, o que permitiu a São João da Cruz escrever o seu magnífico livro a esse respeito.

Aquele que não consegue vencer a noite escura dificilmente conseguirá saudar a madrugada de luz que chega após a sombra aparentemente vencedora.

Narra uma fábula de sabor oriental, que um sábio procurava transmitir a um jovem discípulo todo o conhecimento de que era portador.

Interrogado pelo aprendiz sobre como deveria proceder ante as surpresas dos relacionamentos humanos, ora positivos ora perturbadores, respondeu-lhe propondo que fosse ao cemitério e durante algum tempo, diante de uma tumba, elogiasse aquele que ali fora inumado.

Após executar a façanha, voltou o aluno, sendo interrogado pelo mestre a respeito de como se portara aquele a quem entretecera considerações honrosas, e ele respondeu: — *Em silêncio, não disse nada.*

— *Retorna, então, à casa dos mortos* — propôs novamente o guia espiritual — *e acusa-o de todos os crimes, referindo-se desrespeitosamente à sua conduta, escarnecendo-lhe a existência que teve.*

O jovem assim procedeu, e logo volveu, cabisbaixo, reflexionando.

O sábio novamente o interrogou a respeito da conduta do falecido, ao que ele respondeu, sem entender: — *Novamente nada disse.*

— *Desse modo* — redarguiu-lhe o mestre — *deves proceder. Elogiado pela bajulação e mentiras da sociedade, perma-*

nece inalterável, tanto quanto acusado pelo despeito e perversão dos coetâneos, como se estivesses morto.

Age, desse modo, sem emoção, diante dos encômios e dos vitupérios.

❋

Jesus, muitas vezes, atravessou a noite escura da alma em perfeita identificação com Deus, a fim de espalhar a claridade sublime do Seu amor entre aqueles que O recusavam.

Em momento algum deixou-se desanimar ou sucumbir, mesmo quando as sombras poderosas povoaram a Sua noite de amargura e de solidão, legando-nos o exemplo de que, por mais terríveis sejam as trevas, sempre surge a luz que as dilui em ósculos contínuos de claridade.

Atravessando a tua noite escura da alma, ora e confia, trabalha e persevera, porque após a densidade da meia-noite começa o amanhecer, mesmo sem que notes as luzes que, em breve, dominarão o dia...

8

Complexos e projeções

Procedentes dos comportamentos ancestrais e dos conflitos que se insculpem no Espírito, quando a conduta se fez caracterizar pelos desastres morais, eis que ressumam dos arquivos do inconsciente pessoal as marcas danosas em forma de complexos e projeções da imagem.

É comum, nos portadores dessas debilidades, examinar o próximo como se ele fosse um espelho no qual a imagem própria apresenta-se inversa, refletindo as suas lamentáveis feridas espirituais. Por consequência, as observações sempre representam aquele que se dedica a fazê-lo, ao ver-se em forma oposta ao que pensa de si mesmo.

Assinalado pela culpa ínsita na consciência, é normal que a todos considere como se a ele próprio fora.

Em razão de ser-lhe conhecidas as aflições e distonias, as imperfeições e defeitos, com muita facilidade projeta-os no seu próximo, como se lhe pertencessem. Como lhe escasseiam as virtudes, os valores éticos raramente o identificam no espelho em que se mira.

Quando se trata de um ser mesquinho ou atormentado, projeta o seu complexo, inconsciente ou não, de inferioridade, retratando o outro de maneira infeliz, conforme se sente, e não de acordo com a realidade da observação.

Quando é pulcro e organizado, admirador da ordem e do belo, vivenciando os valores edificantes, com facilidade projeta-se e identifica noutrem esses conteúdos, embora possa também assinalar algumas das deficiências que ele possui.

Os primeiros sempre assumem a postura de vítimas ou de mártires, quando não aceitos, fugindo para a astúcia com que buscam mascarar os conflitos, tornando-se hábeis na censura e nos comentários maliciosos.

Facilmente comportam-se de maneira contrária à realidade interior, comprazendo-se em exibir as ulcerações íntimas dos outros, o que lhes parece minimizar o autodesamor, os conceitos depreciativos que formulam de si mesmos.

Os segundos, em face de viverem desarmados e afetuosos, não se fixam nas deficiências daqueles com os quais convivem, e quando as detectam, comprazem-se em exaltar-lhes as conquistas logradas, estimulando-os ao prosseguimento dos tentames em busca das vitórias sobre as dificuldades.

Os complexos no comportamento sempre refletem a *sombra* dominante no ser, que tenta ignorá-la, impedindo-lhe o enfrentamento com o *Si-mesmo*, o que a diluiria facilmente, por incorporá-la à sua realidade. Enquanto assim procede, age como alguém que não considera a necessidade do autoconhecimento para a descoberta dos recursos que facultam o bem proceder, o ser feliz.

Ignorar a *sombra*, em vez de evitar-lhe a interferência, mais lhe facilita a influência, a dominação na personalidade.

Em outras circunstâncias, luta-se contra a sua ação vigorosa, como se lhe constituísse adversário que deva ser combatido. A atitude indevida propicia o desperdício de energias, que poderiam ser canalizadas de maneira proveitosa em favor da autoiluminação.

Aquele que assim procede é semelhante a alguém que empurra um objeto que se encontra sustentado por um mecanismo elástico e resistente, que reage a qualquer impulso na razão direta da força que lhe é direcionada.

O êxito seria fácil, bastando que se lhe desmontasse a mola do artefato no lado oposto.

Enfrentar cordialmente a *sombra*, considerando-a parte integrante da conduta, constitui recurso psicoterapêutico eficaz para diluí-la mediante a integração eixo *ego–Si-mesmo*.

Os complexos, desse modo, revelam-se problemas que se agravam nos caracteres presunçosos, tiranos de si mesmos, disfarçados de honoráveis e retos.

Aqueles que assim procedem constituem elementos perniciosos no grupo social em que se encontram.

São fiscais impiedosos dos outros, censores rigorosos das falhas alheias, que lhes são normais e as arremessam nos demais por se julgarem merecedores da consideração que se atribuem sem qualquer crédito para tanto.

❁

Sê o companheiro autenticamente gentil com todos aqueles com os quais convives. Não te preocupes com as suas imperfeições e defeitos morais, porque a tua não é a tarefa da fiscalização, mas a contribuição da amizade.

Para tanto, mantém-te sereno, superando os desafios existenciais, particularmente aqueles que fazem parte da tua agenda moral de natureza interior.

O que ora sofres tem raízes no passado. Resolve-te pelo enfrentamento natural, trabalhando a dificuldade e transformando-a em conquista.

Por outro lado, não estimes as pessoas generosas pelo que te podem oferecer, tendo o cuidado de ser aquele que tem o interesse em ofertar.

Evita, porém, quando assim procederes, a postura de benfeitor ou de anjo socorrista, conduzindo-te com a naturalidade que gostarias te fosse oferecida, caso a situação se apresentasse diferente.

Quando te sintas tentado à censura, à crítica mordaz, à reclamação ou à queixa, recorda que o problema não é do outro, mas se constitui uma projeção da tua imagem, manifestação do teu complexo conflitivo que se exterioriza.

Educa a observação para registrar o lado edificante e bom de cada criatura, porque o êxito dos relacionamentos estrutura-se na amizade sincera e desinteressada.

Não te faças a pessoa desagradável que todos suportam mas não simpatizam, aceitam no seu círculo, mas não estimam, e vão descartando-a delicadamente.

O gesto deles não é perverso nem injusto, mas cauteloso e resultado do cansaço da presença perturbadora.

Todos amam a jovialidade natural e digna sem bajulação verbal nem as atitudes fingidas que são facilmente percebidas.

Preserva-te como és, esforçando-te para seres melhor.

Evita o elogio inoportuno e insensato.

Cada pessoa digna sabe e conhece o próprio valor, sem que esteja a exaltá-lo a cada momento. É certo que algumas gostam desse comportamento insano, detestando, porém, esse *doente* que reconhece como hipócrita.

Quando quiseres referir-te aos valores de alguém, não lhe firas a modéstia com exageros de linguagem. Há muitas maneiras de demonstrar-se apreço e respeito por outrem.

Insiste em conhecer esses adversários soezes do teu bem-estar, reflexionando em torno dos teus complexos e projeções.

❊

Jesus, sempre modelar, utilizou-se das coisas simples para exaltar a vida e tecer considerações sublimes em torno do Reino de Deus.

Nunca se deteve a apontar os erros humanos e, quando usava a linguagem com que analisava os desaires das criaturas, fazia-o genericamente, estimulando aqueles que estavam com eles comprometidos. Tampouco exaltou as qualidades reais ou aparentes de quem quer que fosse.

A todos chamou para o Seu rebanho, sem complexo ou transferência de *sombra*, porque se constituía de luz.

Faze o mesmo, e integrarás a tua *sombra* no Espírito que és, da Divina Luz gerado.

9

O VAZIO EXISTENCIAL

Alucinação midiática a serviço do mercantilismo de tudo vem, a pouco e pouco, dessacralizando o ser humano, que perde o sentido existencial, tombando no vazio agônico de si mesmo.

Numa cultura eminentemente utilitarista e imediatista, o tempo sem tempo favorece a fuga da autoconsciência do indivíduo para o consumismo tão arbitrário quão perverso, no qual o culto à personalidade tem primazia, desde a utilização dos recursos de implantes e programas de aperfeiçoamento das formas, com tratamentos especializados e de alto custo, até os sacrifícios cirúrgicos, modificando a estrutura da organização somática.

O belo, ou aquilo que se convencionou denominar como beleza, é um dos novos deuses do atual Olimpo, ao lado das arbitrariedades morais e emocionais em decantado culto à liberdade, cada vez mais libertina.

A ausência dos sentimentos de nobreza, particularmente do amor, impulsiona o comércio da futilidade e do ilusório, realizando-se a criatura enganosamente nos objetos e utensílios de grife, que lhe facultam o exibicionismo e a provocação da inveja dos menos favorecidos, disputando-se no campeonato da insensatez.

Em dias de utopia, nos quais se vale pelo que se apresenta e não pelo que se é, o etos convencional, os ideais que dignificam e trabalham as forças morais cedem lugar aos prazeres ligeiros e frustrantes que logo abrem espaço a novas mentirosas necessidades.

O cárcere do relógio, impedindo que se vivencie cada experiência em sua plenitude e totalidade, sem saltar-se de uma para outra apressadamente, torna os seus prisioneiros cada vez mais ávidos de novidades, por se lhes apresentar o mundo assinalado pela sua fugacidade.

Exige-se que todos se encontrem em intérmino banquete de alegrias, fingindo conforto e bem-estar nas coisas e situações a que se entregam, distantes embora da realidade e dos significados existenciais.

A tristeza, a reflexão, o comedimento já não merecem respeito, sendo tidos como transtornos de conduta, numa exaltação fantasiosa e sem limite em relação aos júbilos destituídos de fundamentos.

Certamente, não fazemos apologia desses estados naturais, mas eles constituem pausas necessárias para refazimento emocional nas extravagâncias do cotidiano.

Sempre quando são recalcados e não logram conscientização, inevitavelmente se transformam em problemas orgânicos pelo fenômeno da somatização.

Muito melhor é a vivência da tristeza legítima e necessária, em caráter temporário, do que a falsa alegria, a máscara de felicidade sem conteúdos válidos.

Nesse contubérnio infeliz, tudo é muito rápido e passa quase sem deixar vestígio da sua ocorrência.

O agora, em programação de longo alcance, elaborado ao amanhecer, logo mais, à tarde, transforma-se em passado distante, sem recordações ou como impositivo de esquecimento para novas formulações prazerosas.

Quando não se vivencia o presente em sua profundidade, perdem-se as experiências que ficaram arquivadas no passado. E todo aquele que não possui o passado nos arquivos da memória atual é destituído de futuro, por faltarem-lhe alicerces para a sua edificação.

Nessa volúpia hedonista, o egotismo governa as mentes e condutas, produzindo o isolamento na multidão e a solidão nos escaninhos da alma.

Todo prazer, que representa alegria real, impõe um alto preço pela falta de espontaneidade, pela comercialização dos seus valores e emoções.

❦

Não seja de estranhar-se que a juventude desorientada, sempre arrebatada pela música de mensagem rebelde e agressiva, de conteúdo deprimente e aterrorizante, com a *internet* exibindo as imagens de adolescentes suicidas em demonstração de coragem e desprezo pela vida, ignore as possibilidades de um futuro risonho que lhes parece falacioso.

Os esportes, que os gregos cultivavam, assim como outros povos, como meios de recreação, arte e beleza – exceção feita aos espetáculos grosseiros nos circos de Roma imperial – vemos alguns deles hoje transformados em campos de batalha, nos quais os seus grupos de aficionados armam-se para rudes refregas com os opositores e em que os atletas não têm outro vínculo com os seus clubes senão o interesse pelos altos rendimentos, favorecem a brutalidade e a barbárie com a destruição de imóveis, veículos e vidas, quando um deles perde na disputa nem sempre honorável...

Aprendendo com os adultos a negar as qualidades do bem e da paz, na azáfama exclusiva do desfrutar, essa aturdida mocidade entrega-se à drogadição em busca do êxtase que logo passa, trazendo-os à realidade decepcionante. O desencanto que lhes instala, de imediato, deve ser diminuído no tempo e no espaço, facultando-lhes buscar novos estimulantes ou entorpecentes para esquecer ou para gozar.

Nesse particular, a comercialização do sexo aviltado com os ingredientes do erotismo tecnicista exaure os seus dependentes, consumindo-os.

É inevitável, nesta cultura pagã e perversa, a presença do vazio existencial nas criaturas humanas, suas grandes vítimas.

Apesar da ocorrência mórbida, bem mais fácil do que parece é a conquista dos objetivos da reencarnação.

Pessoa alguma se encontra na indumentária carnal por impositivo do acaso ou por injunção de um destino cego e cruel.

Existe uma finalidade impostergável no renascimento do Espírito na organização carnal, que se constitui da oportunidade para o autoburilamento por *colisões* e atritos, qual ocorre com as gemas preciosas que necessitam da lapidação para libertar a luminosidade adormecida no seu interior.

Uma releitura atenta dos códigos de ética e de justiça de todos os tempos proporciona o reencontro com os reais valores que devem nortear a vida humana.

O tecido social ora esgarçado e tênue ante uma revisão sistêmica dos objetivos de elevação moral em favor da aquisição da alegria real, sem as máscaras da mistificação, adquiriria resistência para os enfrentamentos, abrindo espaço para a justiça social, para o auxílio recíproco.

Esse ser biopsicossocial é, antes de tudo, imortal, criado por Deus para viver em plena harmonia durante a viagem orgânica.

Indispensável, pois, se torna, a elaboração de programas educacionais e labores que propiciem a autoconsciência.

As conquistas tecnológicas e midiáticas são neutras em si mesmas, considerando-se os inestimáveis benefícios oferecidos à sociedade terrestre, que saiu da treva e da ignorância para a luz e o conhecimento.

A ganância e os tormentos interiores de alguns dos seus executivos e multiplicadores de opinião respondem pela fabricação de líderes da alucinação, de exibidores da rebeldia, de fanáticos da agressividade e da promiscuidade.

Usadas de maneira adequada, encaminhariam com saudável conduta os milhões de vítimas que arrastam, especialmente na inexperiência da juventude rica de sonhos que se transformam em hórridos pesadelos.

O vazio existencial consome o ser e atira-o na depressão, empurrando-o para o suicídio.

Em uma cultura saudável a alegria não impede a tristeza, nem essa atormenta, por constituir-se um fenômeno psicológico natural do ser profundo em si mesmo.

❈

Se experimentas esse vazio interior, desmotivado para viver ou para laborar em favor do bem-estar pessoal, abre-te ao amor e deixa-te conduzir pelas suas desconhecidas emoções que te plenificarão com legítimas aspirações, oferecendo-te um alto significado psicológico e humano.

Reflexiona, pois, na correria louca para lugar nenhum e considera a vida a oportunidade de sorrir e produzir, descobrindo-te útil a ti mesmo e à comunidade.

Mas, se insistir essa estranha sensação, faze mais e melhor, esquecendo-te de ti mesmo, auxilia outrem a lograr aquilo por que anela, e descobrirás que, ao fazê-lo feliz, preenchido de paz, estarás ditoso também.

10

Responsabilidade moral

Quando se assumem compromissos de qualquer natureza, obviamente se estabelecem liames de responsabilidade que não podem ser desconsiderados.

Em todos os campos de ação, a adesão aos seus princípios impõe graves dispositivos que dizem respeito ao trabalho a ser desenvolvido.

O agricultor que espera a resposta gentil da terra, tem para com ela a responsabilidade de lavrá-la, ensementá-la, cuidando-lhe da preservação e do cultivo.

O operário de uma empresa assume atividades que lhe caracterizam a capacidade, tornando-se responsável pela execução do trabalho abraçado.

Ninguém se pode eximir aos compromissos em relação à vida, a fim de que não se torne um peso morto na economia social.

O crescimento de qualquer labor encontra-se adstrito à maneira como os seus membros se desincumbem das ações que lhes dizem respeito.

É natural, portanto, que no campo da fé espírita, que ilumina a mente e conforta o sentimento, aquele que se lhe vincula não pode permanecer manietado aos velhos e obsoletos chavões que lhe eram mecanismos de fuga ante as realizações nobilitantes.

Em face do conhecimento da *Lei de Causa e Efeito,* de que se utiliza o emérito codificador Allan Kardec para explicar as ocorrências do cotidiano moral das criaturas, muito facilmente dispõe-se de instrumento filosófico seguro para entender-se tudo aquilo que sucede nas experiências evolutivas da reencarnação.

Assim equipado intelectualmente, o adepto do Espiritismo não se pode escusar de trabalhar pelo próprio e pelo progresso da sociedade, envidando esforços para ser a cada momento melhor do que no anterior, abraçando responsabilidades que lhe aumentam a consciência de si mesmo, auxiliando-o na ascensão espiritual.

Não seja de surpreender que sempre se encontre otimista, mesmo quando as circunstâncias não se lhe apresentem favoráveis nem róseo esteja o seu céu.

Percebendo que a finalidade da existência corporal é o aprimoramento do Espírito que é, e não o desfrutar dos prazeres e das sensações que experimenta, embora essa *necessidade* ocorra como estímulo e compensação nas lutas travadas, dispõe de recursos valiosos para não se deter na lamentação ou na revolta, quando surpreendido pelos fatores do processo iluminativo.

Ninguém que se encontre reencarnado em regime de exceção, indene ao sofrimento e aos testemunhos defluentes da larga jornada empreendida desde recuadas eras...

Trazendo em germe as necessidades insculpidas no perispírito que lhe modelou os equipamentos orgânicos de maneira a propiciar-lhe os resgates inadiáveis, ressurgem os marcos danosos requerendo regularização e ordem, mediante processos de ação dignificadora, atividades regenerativas, sofrimentos reparadores, testemunhos significativos, superação das paixões perversas...

Tudo, porém, encontra-se codificado de maneira sábia pelas Leis de Amor que vigem no Universo, manifestando-se nos momentos oportunos, facilitadores do mecanismo da evolução moral do ser.

A vida, portanto, traz escritas em cada Espírito as suas próprias necessidades, nem mais nem menos, impondo a cada qual o indispensável para a existência feliz.

✵

Nunca reclames, quando açodado por qualquer tipo de aflição que não hajas desencadeado no momento.

Sempre que te ocorram situações embaraçosas que não provocaste, dificuldade e sofrimento inesperado, mantém-te sereno e procura solucionar a ocorrência de forma equilibrada, porque as razões encontram-se no teu passado espiritual.

Enfermidades dilaceradoras que surpreendem, animosidades que surgem na gleba da fraternidade, dificuldades econômicas não previstas, abandono ou solidão impostos, insucessos aparentes na carreira anelada constituem pauta evolutiva que te está destinada para o crescimento interior e o desenvolvimento mental ante as injunções aflitivas.

A árvore robustece-se na tempestade, vergando-se, a fim de que passem os ventos fortes, e logo recuperando a postura.

A argila melhor modela quanto mais esmagada.

Tudo se deve amoldar às necessidades que lhe são impostas.

Também o Espírito calceta é convidado a refazer os caminhos percorridos com impunidade quando delinquiu, recuperando-se emocionalmente dos atentados praticados contra a ordem e o dever.

Aceita o desafio existencial com alegria. Sem ele, permanecerás estacionado no processo de elevação.

Não consideres, porém, o sofrimento como um látego permanente, mas como um disciplinador, um instrumento de equilíbrio para os valores éticos e morais.

Recorda-te, por exemplo, de Jesus, que não encontrou sequer um lugar no mundo para nascer, optando por uma estrebaria e, antes de partir, em vez de fazê-lo em uma carruagem gloriosa na direção do Pai, preferiu a cruz de hediondez, ensinando que o amor a tudo supre e que por amor tudo se consegue...

Essa, a Sua dor, foi a mais extraordinária saga de amor jamais oferecida à Humanidade, mediante a qual o Homem ímpar doou-se totalmente, a fim de que todos que O amassem não tivessem justificativa para fugir do carreiro das aflições, porque se Ele, sem qualquer culpa, experimentou as máximas dilacerações, o que não devem vivenciar aqueles que estão comprometidos com o erro?!

Seguindo-Lhe o máximo exemplo, quantos outros discípulos, que optaram por ensinar através da dedicação integral, oferecendo-se também para o holocausto?!

Não faltarão aqueles que afirmam tratar-se de uma patologia masoquista, essa, a do sofrimento voluntário. Nada obstante, as mais variadas opções do prazer não passam de exibicionismo, de covardia ante a realidade que se apresenta sempre mais severa do que as ilusões passadistas.

Vive, desse modo, cada momento da existência, conforme se te apresentem os seus fatores, assinalados por alegrias ou tristezas, sofrimentos ou bem-estar, aproveitando-os para o crescimento moral e espiritual.

Tens responsabilidades morais espontaneamente aceitas desde o momento em que aderiste ao compromisso com a Doutrina Espírita.

Informado dos seus paradigmas que te alegram, introjeta-os com intensidade, afirmando-os e legitimando-os através da vivência.

Diferindo de outras doutrinas filosóficas e religiosas, o *Espiritismo é a ciência da filosofia, a filosofia da religião e a religião da ciência*, conforme o definiu o gentil amigo Manuel Vianna de Carvalho, quando ainda se encontrava na indumentária carnal...

❊

A vida, em si mesma, é frágil quando no corpo.

Nenhuma organização material deixa de passar pelos processos inevitáveis da decomposição, da desorganização, da transformação...

No que diz respeito à humana, esse processo é sempre mais rápido, porque exigindo energia, essa desgasta-se e vêm os problemas inevitáveis de natureza degenerativa, que se expressam como desgaste, envelhecimento, enfermidades e morte ou transformação radical em outra forma de expressão...

Consciente de que estás no corpo em função da intelectualização da matéria e para o progresso inevitável da ascensão, aprende a ser feliz em qualquer circunstância, mantendo os teus compromissos morais para com a vida em clima de real alegria.

11
Afetividade conflitiva

A busca da afetividade constitui-se numa ansiosa necessidade de intercâmbio e de relacionamento entre as criaturas humanas ainda imaturas.

Acreditam, aqueles que assim procedem, que somente através de outrem é possível experimentar a afeição, recebendo-a e doando-a.

Como decorrência, as pessoas que se sentem solitárias atormentam-se na incessante inquietação de que somente sentirão segurança e paz, quando encontrem outrem que se lhes constitua suporte afetivo.

Nesse conceito encontra-se um grande equívoco, qual seja esperar de outra pessoa a emoção que lhe constitua completude, significando autorrealização.

Um solitário quando se apoia em outro indivíduo, que também tem necessidade afetiva, forma uma dupla de buscadores a sós, esperando aquilo que não sabem ou não desejam oferecer. É claro que esse relacionamento está fadado ao desastre, à separação, em face de se encontrarem ambos distantes um do outro emocionalmente, cada qual pensando em si mesmo, apesar da proximidade física.

Faz-se imprescindível desenvolver a capacidade de amar, porque o amor também é aprendido. Ele se encontra ínsito no ser como decorrência da afeição divina, no entanto, não poucas vezes adormecido ou não identificado, deve ser trabalhado mediante experiências de fraternidade, de respeito e de amizade.

Partindo-se de pequenas conquistas emocionais e de júbilos de significado singelo, desenvolve-se mediante a arte de servir e de ajudar, criando liames que se estreitam e se ampliam no sentimento. Estreitam-se, pelo fato de aprender-se união com outrem e ampliam-se mediante a capacidade de entendimento dos limites do outro, sem exigências descabidas nem largas ao instinto perturbador de posse nas suas tentativas de submissão alheia...

Resultante de muitos conflitos que aturdem o equilíbrio emocional, esses indivíduos insatisfeitos, que se acostumaram às bengalas e às fugas psicológicas, pensam que através da afetividade que recebem lograrão o preenchimento do *vazio existencial*, como se fosse uma fórmula miraculosa para solucionar-lhes as inquietações.

Os conflitos devem ser enfrentados nos seus respectivos campos de expressão e nunca mediante o mascaramento das suas exigências, transferindo-se de apresentação.

Os fatores psicológicos geradores dessas embaraçosas situações são muito complexos e necessitam de terapêuticas cuidadosas, de modo que possam ser diluídos com equilíbrio, cedendo lugar a emoções harmônicas propiciadoras de bem-estar.

Nesse sentido, a afetividade desempenha importante labor, qual seja o desenvolver da faculdade de amar com lucidez, ampliando o entendimento em torno dos significados existenciais que se convertem em motivações para o crescimento intelecto-moral.

Quando se busca o amor, possivelmente não será encontrado em pessoas, lugares ou situações que pareçam propiciatórias. É indispensável descobri-lo em si mesmo, de modo a ampliá-lo no rumo das demais pessoas.

Qual uma chama débil que se agiganta estimulada por combustível próprio, o amor é vitalizado pelo sentimento de generosidade e nunca de egoísmo que espera sempre o benefício antes de proporcionar alegria a outrem.

Na imaturidade psicológica, cada qual aspira a compensações afetivas, como os prazeres que se derivam do sexo, da companhia constante, das doações pessoais e generosidades, sem a preocupação de ser aquele que se torna gentil e afável...

A predominância do egoísmo tolda-lhe a visão saudável do sentimento de afetividade e impõe-lhe exigências descabidas que, invariavelmente, o tornam vítima das circunstâncias. Em tal condição, sentindo a impossibilidade de amar ou de ser amado, procura, aflito, despertar o sentimento de compaixão, apoiando-se na piedade injustificada.

As pessoas devem inspirar amor, em vez de comiseração.

Desse modo, a única alternativa de significado na existência é a conquista do amor.

❋

Se experimentas solidão no teu dia a dia, faze uma análise cuidadosa da tua conduta em relação ao teu próximo, procurando entender o porquê da situação.

Sê sincero contigo mesmo, realizando um exame de consciência a respeito da maneira como te comportas com os amigos, com aqueles que se te acercam e tentam convivência fraternal contigo.

Se és do tipo que espera perfeição nos outros, é natural que estejas sempre decepcionado, ao constatares as dificuldades alheias, olvidando, porém, que também és assim.

Se esperas que os outros sejam generosos e fiéis no relacionamento para contigo, estuda as tuas reações e comportamentos diante deles.

Os teus conflitos procedem de muitas ocorrências desta como de outras existências, que ficaram assinaladas por equívocos e malversações dos sentimentos de nobreza.

Todos conduzem marcas dolorosas de comportamentos doentios que se instalaram no inconsciente profundo e ressurgem imperiosos, exigindo reparação. Insegurança, instabilidade, solidão, desconfiança e tormentos interiores fazem parte da agenda de reequilíbrio a que te deves ajustar, a fim de avançares saudável no rumo da felicidade.

Outros, no entanto, procedem desta existência, quando as circunstâncias no lar te impuseram a família difícil, os pais arbitrários, os amigos descuidados, o desinteresse quase generalizado pelas tuas diversas necessidades, que tiveste de ocultar, transformando-as em refúgios conflitivos.

A bênção da vida é o ensejo edificante de refazimento de experiências e de conquistas de patamares mais elevados, algumas vezes com sacrifício...

Não te atormentes, portanto, se escasseiam nas paisagens dos teus sentimentos as compensações do afeto e da amizade.

Observa em derredor e verás outros corações em carência, à tua semelhança, que necessitam de oportunidade afetiva, de bondade fraternal.

Exercita com eles o intercâmbio fraterno, sem exigências, não lhes transferindo as inseguranças e fragilidades que te sejam habituais.

É muito fácil desenvolver o sentimento de solidariedade, de companheirismo, bastando que ofereças com naturalidade aquilo que gostarias de receber.

A princípio, apresenta-se um tanto embaraçoso ou desconcertante, mas o poder da bondade é tão grande, que logo se fazem superados os aparentes obstáculos e, à semelhança de débil planta que rompe o solo grosseiro atraída pela luz, desenvolve-se e torna-se produtiva conforme a sua espécie...

Não recues ante a necessidade da experiência de edificação do bem em tua existência.

Porque desconheces a complexidade dos comportamentos nas existências de outras pessoas, supões que toda a carga de aflições está somente sobre os teus ombros.

Observa com cuidado e verás a multidão aturdida, agressiva, estremunhada, que te parece antipática e infeliz. Em realidade, é constituída de pessoas como tu mesmo, fugindo para lugar nenhum, sem coragem para o autoenfrentamento.

Contribui, jovialmente, quanto e como possas, para atenuar algum infortúnio ou diminuir qualquer tipo de sofrimento que registres.

Esse comportamento te facultará muito bem e, quando menos esperes, estarás enriquecido pela afetividade que doas e pela alegria em fazê-lo.

Ninguém pode viver com alegria sem experienciar a afetividade.

A afetividade é mensagem do amor de Deus, estimulando as vidas ao crescimento e à sublimação.

A afetividade deve ser distendida a todos os seres sencientes, o que equivale a dizer, aos vegetais, animais, seres humanos, ampliando-a por toda a Natureza.

Quando se ama, instalam-se a beleza e a alegria de viver.

A saúde integral, sem dúvida, é defluente da harmonia do sentimento pelo amor com as conquistas culturais que levam à realização pessoal, trabalhando pelo equilíbrio e funcionamento existencial.

12

Sistemática ignorância

Vive, no inconsciente das massas, o conceito falso de que a função da Divindade é a de servir sem cessar. Herdeiro das tradições e do atavismo ancestral trabalhado por algumas doutrinas religiosas ortodoxas, no passado, fixou-se na mente espiritual de grande parte da sociedade a ideia do servilismo divino, como única maneira de fazer-se entender Deus e a Sua majestade.

No imaginário popular, a única finalidade do Senhor da vida é a de proteger os Seus filhos, evitando-lhes sofrimentos e retificando-lhes os caminhos, a fim de que somente facilidades encontrem na Terra, desfrutando de prazeres e de júbilos intérminos.

Quando se lhes fala a respeito da necessidade do autocrescimento, da autoiluminação, surpreendem-se, sem entendimento imediato, como se isso lhes fosse algo imposto de maneira injusta.

Existem mesmo aqueles que se admiram da maneira pela qual o Criador deu vida à vida, especialmente ao ser humano, impondo-lhe a necessidade de crescimento pessoal, de aprimoramento moral e de desenvolvimento espiritual.

Interrogam, surpresos, muitas vezes, por que Deus já não fez tudo perfeito, evitando tanto trabalho, conforme consideram as propostas libertadoras.

Olvidam-se de que a Sabedoria Divina melhor entende as razões por que o Espírito foi criado *simples* e *ignorante*, a fim de ter ensejo de desenvolver os sublimes recursos que lhe jazem interiormente, na condição de herança transcendente da sua procedência.

A decantada perfeição que gostariam de usufruir, não passa, afinal de contas, de um tipo doentio de aposentadoria em relação ao trabalho, de ociosidade dourada, sem dar-se conta da monotonia, da saturação que logo se lhes instalariam, portadores de inquietações e de desejos que são, alguns deles, exagerados...

A bênção do trabalho é de alto significado para a felicidade pessoal e geral, por facultar o desenvolvimento dos tesouros que se encontram em germe, a cada qual ensejando alegrias incomparáveis.

Já, ao tempo de Jesus, encontramos esse grupo de beneficiários do Seu amor, descuidados do seu processo de evolução, recorrendo, sem cessar, aos préstimos do Senhor, na solução dos problemas que lhes diziam respeito.

De tal maneira eram as suas querelas e problemáticas, que, não conformados com as ocorrências do cotidiano, recorriam-Lhe à ajuda, suplicando, não orientação, mas solução fácil, claro que, sempre favorável aos seus interesses chãos.

Diante de uma dessas situações, Jesus interrogou os discutidores preocupados: – *Quem dentre vós me elegeu como juiz de vossas causas?!*

Tantas eram as paixões envolvidas nas suas questiúnculas e tão mesquinhos os seus interesses que a Boa-nova de libertação não lhes conseguia iluminar a inteligência e demonstrar que todas essas banalidades da vida material desaparecem, perdem o sentido após a consumpção do corpo físico.

Somente aquilo que é de efeito imediato interessa a esses Espíritos estúrdios e ansiosos pelas comezinhas vitórias materiais.

Pensando em negociar sempre com o Pai Criador, elaboram mecanismos injustificáveis para a permanência no jogo ilusório do corpo, sem a preocupação com a imortalidade, na qual se encontram sem possibilidade de evadir-se...

❋

O suave Cantor Galileu, compreendendo a pobreza espiritual daqueles que O seguiam, primeiro falava-lhes a respeito do Reino de Deus, oferecia-lhes diretrizes para a autoconquista, para a harmonia interior, para melhor suportar as vicissitudes do processo evolutivo, mas não se escusava de atender as suas necessidades depuradoras.

Terminadas as exposições sublimes, ei-lO *limpando feridas, restituindo a visão, recuperando a audição, desenrolando línguas hirtas, devolvendo o movimento aos membros atrofiados, socorrendo...*

Nada obstante, aqueles mesmos que se recuperavam corriam na direção dos erros ancestrais e novamente mergulhavam no paul das aflições, despertando, mais tarde, com maiores dificuldades e mais desafiadoras inquietações.

Isto porque, a causa das angústias e mazelas humanas encontra-se no interior, no ser profundo e não na superfície na qual aparecem os efeitos perturbadores dos desequilíbrios...

Essa herança, que foi sustentada no passado por exploradores da credulidade pública e hoje é mantida em algumas agrupações evangélicas, nas quais se estimulam as negociações materiais com o Pai, constitui motivo de atraso espiritual para os indivíduos.

Acostumando-se a esse conceito, evitam esforçar-se para a transformação moral, perseverando as atitudes doentias de dependência inútil, sem a autodescoberta que lhes favorece a visão profunda e bela da realidade.

Em face do advento de *O Consolador*, na formosa Doutrina dos Espíritos, ainda permanecem os mesmos hábitos enfermiços, graças aos quais muitos adeptos esperam ter os seus problemas solucionados pelos guias desencarnados, sem qualquer esforço de sua parte, bastando, para tanto, a frequência hebdomadária às reuniões, sem que haja aproveitamento das lições iluminativas e libertadoras.

Confundem a caridade com o parasitismo, esperando sempre benefícios que outros lhes propiciem, no entanto, sem o menor esforço por também fazê-lo aos outros que se encontram carenciados.

As ambições da maioria reduzem-se aos jogos da vida física, à existência cômoda e destituída de preocupações e ocorrências que os façam crescer moral e espiritualmente.

É lamentável esse fenômeno que deve ser sanado mediante as seguras orientações do Evangelho e do Espiritismo, que não se compadecem com a exploração das forças dos outros em benefício dos insensíveis ao dever de cooperação.

Esclareçam-se as mentes e advirtam-se os sentimentos dos novos discípulos da Boa-nova, explicando-lhes que a ascensão é esforço individual, intransferível, e que o Pastor de ovelhas aponta os rumos, a fim de que todas alcancem o aprisco a esforço pessoal...

Ocorrendo alguma dificuldade, algum insucesso ou desgraça, é claro que esse Pastor atento, dominado pela compaixão, correrá em socorro daquela que ficou perdida ou que se extraviou, ou que foi vítima de algum acidente. As outras, porém, que não apresentam deficiências, exceto a conduta de exploração, devem seguir adiante acompanhando o cajado d'Aquele que lhes é o Guia...

Torna-se indispensável, portanto, que os indivíduos aprendam a usar os recursos, evitando tornar-se carga pesada sobre os ombros do seu próximo, seja qual for o pretexto apresentado.

A iluminação é meta que todos devem alcançar a esforço pessoal.

A paz é bênção que somente pode ser fruída após as lutas por adquiri-la.

❇

Jesus sempre atendia os sofredores e esclarecia-os quanto aos seus sofrimentos, auxiliando-os na recuperação da saúde, mas advertindo-os de que não retornassem aos mesmos caminhos dos erros, a *fim de que nada lhes acontecesse de pior...*

Esclarece, portanto, os teus irmãos, a respeito dos deveres que lhes cumpre executar, despertando-os para a responsabilidade dos pensamentos, palavras e atos.

Assim procedendo, estarás integrado na saudável programação da vida, que trabalha em favor do mundo melhor de amanhã para todos.

13

Fragilidade emocional

A fé religiosa não se pode apoiar nas respostas da comodidade existencial, permanecendo irretocável enquanto tudo segue o curso das alegrias sem interrupção.

À semelhança de um adorno, permanece rutilante, produzindo alegria e bem-estar, em formosas composições de intercâmbio fraternal e social, desde que as questões graves da jornada se encontrem sob o amparo da segurança econômica e dos relacionamentos de destaque.

Exuberante nas horas de júbilo, também deve encontrar-se fortalecida nos momentos de desafios e de dificuldades. Afinal, a reencarnação tem significados psicológicos e evolutivos muito graves e não somente enseja a conquista das despreocupações e dos problemas que sejam facilmente solucionados.

A verdadeira fé, como asseverou Allan Kardec, é "aquela que enfrenta a razão face a face em todas as épocas da Humanidade". Mas não somente do ponto de vista filosófico, racional, intelectivo, mas sobretudo moral, quando ocorrem as insatisfações e as dificuldades ameaçam o elenco de satisfações do indivíduo.

Mede-se, portanto, a capacidade da fé religiosa pela maneira como são enfrentadas as vicissitudes e recebidas as provações por aquele que a possui.

Ninguém se encontra no mundo físico sem a experiência dos processos iluminativos que são propiciados tanto pelo sofrimento quanto pelas realizações enobrecedoras.

Acreditar em Deus, na imortalidade do Espírito, na excelência dos postulados da reencarnação e permitir-se abater quando convidado à demonstração da capacidade de resistência, é lamentável queda na leviandade ou clara demonstração de que a fé não é real...

Certamente nos momentos difíceis, os céus apresentam-se plúmbeos, os caminhos ficam mais difíceis de conquistar, o humor se modifica, porém, a irrestrita confiança em Deus permanece como um refrigério interior, uma chama acesa apontando rumo, uma diretriz de segurança para o avanço.

Permitir-se depressão porque aconteceram fenômenos desagradáveis e até mesmo desestruturadores do comportamento, significa não somente debilidade emocional que apenas tem fortaleza quando não há luta, mas também total falta de confiança em Deus.

Quando a fé é raciocinada, estribada nas reflexões profundas em torno dos significados existenciais, tem capacidade para enfrentar os problemas e solucioná-los sem amargura nem conflito, para atender as situações penosas com tranquilidade, porque identifica em todas essas situações as oportunidades de crescimento interior para o encontro com a Verdade.

O número, portanto, daqueles que esmorecem ante os acontecimentos desagradáveis e imprevistos – quando sempre deveriam estar na mente esperando-lhes o surgimento! – é sempre muito grande e decepcionante, porque constituído de membros da crença acomodada e gratificadora, sem qualquer responsabilidade em relação aos valores profundos do ser.

Ninguém se reencarna apenas para desfrutar. Quando se acerca da fé, logo percebe que essa luz interior deve ser dirigida para a noite, quando essa acontecer. Utilizar-se, portanto, do recurso renovador e poderoso de que se constitui, é o dever de todos quantos ingressam em qualquer escola religiosa, especialmente na abençoada e lúcida academia do Espiritismo.

A fé é tesouro que se cultiva, sustentada pela oração, que se lhe torna a seiva mantenedora, ensejando-lhe o brilho continuamente.

❋

Não coloques a tua confiança nos valores terrenos, nas pessoas, nas conjunturas sociais e econômicas, como se fossem as únicas portadoras de segurança para o teu futuro.

Ele será conforme o vens trabalhando ao longo do tempo e cujo patrimônio se te apresenta, na atualidade, de acordo com as tuas necessidades de evolução, e não como se encontra nas demais pessoas.

Não a utilizes como instrumento de mensuração ao que sucede contigo em relação aos outros, porque cada qual é portador de uma história pessoal única, que lhe assinala a existência com tudo quanto necessita e não de referência ao merecimento.

O mesmo, desse modo, sucede contigo, não servindo de parâmetro para outros que te observam, estimam ou acompanham.

Se a tua é a verdadeira fé, aquela que remove obstáculos, as ocorrências desagradáveis não são perniciosas, mas servem para fazer-te crescer, para que conquistes mais espaço espiritual e enriquecimento interior.

As tuas aquisições atuais, os teus resgates morais servem de base para futuros empreendimentos evolutivos, cabendo-te a santa alegria do ressarcimento dos erros através das silenciosas conquistas da coragem e do valor, avançando no rumo da libertação plena.

Todo aquele que põe a sua confiança e tranquilidade nos valores terrenos, sofre incertezas, inquietações, os efeitos das mudanças inevitáveis na economia, nos relacionamentos sociais, nas amizades, quase sempre de curta duração...

Quando se põe a confiança no Senhor da Vida, a Ele entregando-se em regime de totalidade, sem qualquer dúvida, jamais faltam os recursos indispensáveis à felicidade, ao prosseguimento da jornada, à continuidade das aspirações.

Vigia, pois, as *nascentes do coração*, quando te ocorram surpresas dolorosas, incertezas não pensadas, prosseguindo com alegria no irrestrito culto dos deveres, porque estás sob o comando de Jesus que nunca nos abandona.

Sai, portanto, da janela da tristeza, deixa de ficar contemplando as paisagens da depressão e abre espaço interior para a entrada do *sol da alegria*, a fim de que sejas aquecido e iluminado, não mais titubeando ou sofrendo desnecessárias aflições.

O conhecimento do Espiritismo liberta a consciência da culpa, o indivíduo de qualquer temor, facultando-lhe uma existência risonha com esperança e realizações edificantes pelos atos. Não apenas enseja as perspectivas ditosas do porvir, mas sobretudo ajuda a trabalhar o momento que se vive, preparando aquele que virá.

É compreensível que diante das preocupações que assaltam a existência humana, coloque-se o indivíduo em uma atitude de reserva, mesmo de tristeza passageira, enquanto resolve o impasse, recuperando logo que se lhe faça possível a alegria de viver e de liberar-se na contabilidade espiritual.

Deixar-se, porém, abater, fazendo um quadro de desconsolo e prolongado sofrimento, constitui demonstração clara e objetiva da sua falta de fé.

A fé, por isso mesmo, deve ser trabalhada, testada, reflexionada, de modo a robustecer-se cada vez mais, não permanecendo estagnada num conjunto de crenças que não resistem ao fogo do testemunho. Dinâmica, é atuante, conseguindo superar as circunstâncias que tem o dever de enfrentar corajosamente.

❧

A fé espírita, desse modo, fortalece-se quando posta à prova, ensejando àquele que a possui satisfações inigualáveis, porque centrada na coragem e no bem fazer.

Jesus deu-nos a demonstração dessa fé que remove montanhas, enfrentando as situações mais graves de que se tem notícia, mantendo-se sempre irretocável, por cujo exemplo demonstrou a Sua procedência.

Costuma-se dizer que Ele é o exemplo máximo e, que, por isso mesmo, n'Ele são naturais as reservas de coragem e de harmonia em todas as situações.

Sem dúvida, assim é, no entanto, todos podemos fazer o que Ele fez, se tivermos fé, se nos empenharmos em sintonizar com Ele e o Pai, a fim de seguirmos fiéis até a conclusão da jornada.

14

Resistência ao mal

Os desafios existenciais constituem mecanismos de que dispõe a vida, a fim de facultar o desenvolvimento dos valores herdados do Pai, temporariamente adormecidos.

À semelhança da pérola valiosa que se encontra oculta na intimidade da concha de calcário, aprisionada na ostra que lhe dá origem, necessitando romper o claustro a golpes fortes e destruidores, a fim de poder brilhar intensamente, o Espírito é convidado à luta...

De igual maneira o Espírito amplia a capacidade de produzir, à medida que enfrenta dificuldades, sendo conduzido a pensar para agir, a reunir forças para superar impedimentos.

Toda ascensão é assinalada por esforços contínuos e vitórias sobre as dificuldades.

Aquele que receia pelejas não consegue robustecer a capacidade de resistência para a contínua evolução.

Jesus recomendou que não se *resistisse ao mal*, equivalendo dizer que as questões inferiores, as forças negativas, aquelas que conspiram contra o bem e o progresso são destituídas de ética, de nobreza, portanto, devendo ser evitadas por aqueles que se vinculam aos ideais de enobrecimento e de paz.

Evitar o encontro corpo a corpo é um dever de prudência, considerando-se que o mal se utiliza de armas traiçoeiras, de recursos indignos, que o homem de bem não pode aplicar em condição de igualdade. Por isso não resistir, no sentido de enfrentar, deve ser levado em conta, em natural estado de vigilância. No entanto, quando se torna necessária a empresa de definir rumos, jamais fugir, deixando campo à sua proliferação.

É necessário que os maus saibam que lavram em terra ocupada, que não pode ser deixada ao abandono, para que ali proliferem as manifestações doentias e perturbadoras do seu curso infeliz.

O mal procede da ignorância das Leis de Deus e os maus são-lhe as vítimas de preferência pelo recusar-se à iluminação, ao esclarecimento libertador.

Acostumando-se ao desconhecimento dos deveres elevados, o Espírito calceta mantém-se na atitude infeliz, postergando a conquista de novos e risonhos patamares de felicidade.

Nada obstante, ninguém conseguirá permanecer indefinidamente nesse estágio de primarismo, porque os impositivos da evolução propelem sempre no rumo da Grande Luz, que atrai e fascina mesmo quando desconhecida.

Os atavismos e vícios a que se encontra vinculado o ser mantêm-no nessa torpe e cômoda situação de recusar o conhecimento, temendo o esforço da mudança de atitude, o inevitável sacrifício da condição à qual se acostumou.

Romper as grosseiras camadas vibratórias que o envolvem é a finalidade da reencarnação, que acena com o crescimento para Deus.

Se a débil planta receasse a resistência do solo adusto pela canícula, não se insinuando pelos quase invisíveis espaços que separam as partículas, jamais se transformaria no vegetal feliz que alcança a sua finalidade suportando mil circunstâncias adversas.

O mesmo ocorre com o Espírito que necessita superar, a pouco e pouco, os impedimentos, a fim de atingir a finalidade para a qual foi criado por Deus.

A viagem da treva na direção da luz é o objetivo da evolução.

Não resistir ao mal, despertando-o, aceitando-lhe as provocações perversas, precatando-se dos maus, constitui bênçãos de sabedoria, mesmo quando possa parecer atitude de fuga.

Como os maus bem pouco têm a perder, conforme asseveram nos seus momentos de insânia, deixa-os com eles mesmos e o tempo se encarregará de fazer o que o momento ainda não pode realizar.

❁

Há muitos males internos que aguardam a tua valiosa contribuição iluminativa.

O egoísmo, este câncer moral que dizima grande parte da sociedade, é irmão gêmeo do orgulho, cujo bafio o envenena lentamente. Nele se encontram as grandes chagas morais que enfermam o indivíduo e o organismo coletivo.

Em face da sua soberania no país das almas, a arrogância se expressa com soberba e violência onde deveriam viger a simplicidade e o espírito de pureza.

Apesar disso, predomina esse remanescente da natureza animal, dominador arbitrário, atrasando a marcha do progresso.

À medida que se toma conhecimento do bem, das suas concessões, alteram-se as paisagens interiores que se irisam de mirífica luz, anunciando novas experiências enriquecedoras que vão sendo conquistadas.

O progresso moral é logrado de maneira geométrica, em razão de cada vitória facultar outra mais expressiva, multiplicando-se por si mesmo, desenvolvendo-se na horizontal do intelecto, assim como na vertical do amor.

Considera Jesus, todo amor e bondade, confundido na multidão dos desesperados, na malta perturbada e ansiosa, desejando solução para as suas infelicidades sem a contribuição do esforço pessoal, gritando e reclamando atenção que não mereciam, enquanto Sua paciência e misericórdia distribuíam compaixão e entendimento...

Os maus e perversos, os zombadores e incréus, que sempre os houve em todas as épocas da Humanidade, chasquinando e menosprezando o Seu poder, eram constante provocação do mal que Jesus evitava enfrentar, porquanto já eram demasiadamente desditosos para terem ampliada a carga de aflições com o Seu reproche, a Sua severa reprimenda...

O Mestre, sábio e prudente, deixava-os à margem dos sucessos, sabendo que o tempo se encarregaria de os esclarecer e mais seguramente os conduzir...

Desse modo, não te empenhes por modificar a ninguém, assumindo responsabilidades que não se encontram na pauta dos teus deveres.

Faze a tua parte de maneira correta e constante, consciente de que a vida a ninguém esquece ou abandona.

Quanto a ti, produze da melhor forma possível, aproveitando cada momento da tua existência para armazenar sabedoria e realizações nobilitantes, assim desenvolvendo o teu *deus interno* e vencendo o mal que ainda se homizia nos recônditos do teu ser.

(...) E naquilo que se refere ao mal, jamais te esqueças que ele somente faz mal àquele que sintoniza com as suas expressões.

Jamais, qualquer treva, por mais densa, conseguiu vencer a claridade, por mais tênue que se apresente.

Enquanto te encontres na roupagem física defrontarás lutas e processos desafiadores, a fim de que se desenvolvam os divinos recursos que possuis e de que nem sequer te dás conta. Através dessas rudes pelejas, irás desbastando as camadas grosseiras que os ocultam, ensejando-te a descoberta desses tesouros enriquecedores.

❊

Não duvides das forças do mal, que se utilizam de quaisquer recursos e instrumentos a fim de alcançar a meta que perseguem, porque destituídas de sentimento dignificante.

Por isso mesmo, não as provoques, não as consideres como necessárias de enfrentamentos. Faze o que te cumpre, deixando que o tempo, na sua sabedoria, encarregue-se de modificar as estruturas de que se utilizam para insistirem na sua insana atividade.

Apoia-te no bem, e não disporás de tempo para pensar nas artimanhas impiedosas dos inimigos, em razão do muito que podes produzir e das infinitas possibilidades que se encontram ao teu alcance.

15

Que brilhe a tua luz!

Quando Jesus propôs que brilhasse a tua luz, estimulou-te ao sublime labor da preservação da claridade do amor e do conhecimento que existe em ti, repartindo-o com os teus irmãos de jornada.

A tua luz é conquista sublime dos esforços desenvolvidos ao longo da marcha ascensional, superando as trevas interiores e exteriores procedentes dos períodos primevos do despertamento para a Verdade.

Há muita sombra no mundo, aguardando um raio de luz que sirva de sinal de esperança apontando rumos.

Herdeiro do amor de Deus, já conseguiste amealhar claridade para espargi-la onde te encontras.

Não te escuses ao mister de iluminar os caminhos em sombras que já percorreste. Deixa, pelo menos, pegadas luminosas indicando o rumo que deve ser alcançado por aqueles que se encontram na retaguarda.

Muitas vezes, em face da autoconsciência, te dás conta das próprias dificuldades e dos empecilhos que te obstaculizam o avanço, permitindo-te conflitos que não se justificam.

Ainda não alcançaste os patamares dos altiplanos que te aguardam, entretanto já conseguiste sair do paul por onde jornadeavas, vencendo com entusiasmo a planície na qual te encontras, entusiasmado com os próximos investimentos.

Essas conquistas aureolam-te de suave luz que podes preservar pelo amor e pela retidão, ao mesmo tempo colocando-a ao alcance de outros que estertoram na ignorância e chafurdam na ilusão.

Referes-te, com frequência, às incompreensões de outros corações em relação ao que fazes, a tudo quanto produzes, experimentando inquietação que não deves valorizar. É compreensível que isso ocorra, porque os desocupados estão demasiadamente preocupados contigo, atormentados pelas tuas conquistas de tal forma que se esquecem de si mesmos e, não podendo seguir-te ou ultrapassar-te, acusam-te, alegram-se em constituir-se adversários, censuram-te, objetivando desanimar-te.

Não lhes concedas as satisfações de saberem que te alcançaram a sensibilidade e te criaram perturbação...

Se te permites afetar, eles conseguiram o que anelavam e dispõem agora de argumento para cimentar a loucura em que se comprazem.

Sorri e prossegue, fazendo sempre o melhor, sem a preocupação de agradar a quem quer que seja.

A luz chama a atenção, gerando sentimentos controvertidos naqueles que, no momento, ainda não a desejam. É claro que se empenharão por apagar-lhe a claridade, facilitando a continuação da desordem, do crime, da revolta em que se deleitam.

Lucigênito, possuis a Divina Luz em teu mundo interior, e após o teu encontro com Jesus, a *Luz do Mundo*, amplias a claridade com os sublimes combustíveis do amor e da abnegação.

Enquanto conduzes o luminoso facho da esperança e permaneces no trabalho, ensementando os paradigmas de amor e de sabedoria que libertam as consciências, aqueles Espíritos inferiores de ambos os planos da vida se voltarão contra ti, esquecidos de que estás a serviço d'Aquele que te enviou.

Corresponde-Lhe à confiança e deixa que brilhe a tua luz!

❈

Os indivíduos ociosos encontram-se tão atarefados com o nada fazer, que dispõem de tempo suficiente para vigiar os demais e gerar-lhes embaraços.

Aqueles que te hostilizam, assim procedem porque reconhecem os teus valores que os magoam na inferioridade em que se demoram.

Recorda o ministério de Jesus e constatarás que todos aqueles que O perseguiram eram invejosos dos tesouros que Ele possuía, inimigos dos sofredores aos quais Ele distendia misericórdia e caridade, fátuos e arrogantes escravos das paixões perturbadoras em que chafurdavam, insinuando ser Ele mistificador e *endemoniado*...

É natural que cada indivíduo julgue outrem conforme sua óptica emocional e os recursos morais que o caracterizam, não concedendo o respeito que não tem por si mesmo, nem a confiança que inspiras e neles é escassa.

Ademais, não te esqueças dos adversários do Bem que transitam fora da matéria em deplorável estado de perturbação e de desconforto moral.

Não conseguindo aceitar os postulados edificantes capazes de os erguer do mal em que se permitem, voltam-se contra aqueles que têm como inimigos, porque não se submetem às injunções penosas das suas mentes enfermas. Nem sempre, porém, conseguem alcançá-los, porque transitam em faixas vibratórias que não podem atingir, apelando, então, para os artifícios da perseguição e da insânia.

Continua, pois, tranquilo, e faze que brilhe a tua luz.

Se a alguns desagrada essa claridade, muitos outros aceitam-na, deslumbrados e reconhecidos.

Por esses que se beneficiam com a tua ajuda, esforça-te, cada vez mais, a fim de que não lhes faltem os contributos estimulantes e orientadores de que necessitam para que logrem os resultados felizes que buscam.

Ao mesmo tempo, identificado com os objetivos elevados da existência carnal, trabalha infatigavelmente a fim de aumentar o brilho da tua luz.

O Senhor jamais proporia algo que estivesse além das possibilidades dos Seus discípulos, razão pela qual sempre foi discreto, empenhado Ele mesmo em fazer o que devia sem o delegar aos afeiçoados. Nada obstante, mandou-os, dois a dois, à experiência superior de divulgar a mensagem por toda parte enquanto Ele estava ao seu lado, preparando-os para os dias porvindouros, quando não contariam com a Sua presença.

Deu-lhes poder para curar, para vencer os inimigos do bem, para libertar obsessos e obsessores, para vencer as serpentes...

Esse poder eles souberam preservar, correspondendo à expectativa do Mestre incansável, o que lhes serviu de base para os futuros empreendimentos de divulgação do Evangelho.

Repetem-se, agora, as condições para a ampliação dos horizontes da fé libertadora.

Qualquer pessoa portadora de mínimo discernimento que seja, nota a falência dos valores ético-morais dentro dos padrões vigentes, necessitando de urgente renovação. Essa ocorrerá mediante a atualização dos ensinamentos de Jesus, que não foram devidamente vivenciados por aqueles que se apresentaram como Seus discípulos.

Eis por que é necessário que brilhe a tua luz, chamando a atenção para o que és, para o que fazes, para os recursos de que dispões em nome d'Aquele que é o teu *Guia e Modelo*.

✺

A tua luz é de procedência espiritual e necessita de ser preservada com os santos óleos do amor e da paz.

Amplia a tua capacidade de servir, ensejando-te mais valiosos recursos de crescimento, a fim de que jamais te ensoberbeças ou distraias no cumprimento das graves responsabilidades que te dizem respeito, de modo a desincumbir-te da tarefa que te cabe, delegada por Jesus: *Que brilhe a tua luz!*

16

Problemas internos

A imprevidência e o desconhecimento em torno dos fenômenos mediúnicos e suas ocorrências atribuem a perturbações de Espíritos desassisados tudo quanto sucede aos indivíduos no seu trânsito existencial.

Inegavelmente, o intercâmbio entre as duas esferas da vida, nas quais se movimentam encarnados e desencarnados, é muito grande, em amplas proporções, sendo insistente e contínuo. No entanto, as manifestações negativas e perturbadoras que afligem grande número de pessoas não são necessariamente portadoras de caráter obsessivo, embora possam vincular-se posteriormente ao quadro inquietante já existente.

Durante o processo de desenvolvimento intelecto-moral a que todos se encontram submetidos, as experiências armazenadas propõem novos acontecimentos de acordo com a qualidade das ações anteriormente vivenciadas.

As condutas extravagantes, doentias, assinaladas pela insensatez, estabelecem vínculos com aqueles que foram convivas ou vítimas, quando se instalaram os sentimentos de baixo teor moral.

Não havendo – a morte – interrompido o ciclo de crescimento, aqueles que permaneceram no Além-túmulo, encharcados pelo ressentimento, pelo ódio, pelo desejo de desforço, sendo atraídos aos comparsas infiéis que os infelicitaram, graças à Lei de Afinidades vibratórias existentes neles, descarregam a sua hostilidade em contínuo processo de vingança, quando, então, surgem os primeiros sintomas de obsessão.

Convém, porém, recordar-se que tal sucede somente porque, existindo devedor moral, apresenta-se o cobrador sandeu, que não confia na Divina Justiça e pretende desforrar-se em quem o afligiu.

O ódio é doença da alma que combure também aquele que o preserva, constituindo-se uma chama devoradora que se faz sustentada pelo combustível do ressentimento e da crueldade.

Filho dileto do materialismo, responde por inúmeros desaires que atrasam o progresso do ser humano individualmente, assim como da sociedade em conjunto.

Somente quando as dúlcidas vibrações do amor penetram o Espírito é que surgem as bênçãos da saúde e da paz em plenitude. Enquanto não viger no cerne do ser a dádiva sublime do sentimento afetivo, haverá tormento e trânsito por impérvios lugares da emoção em desconserto.

Assim considerando, merece que se tenha em mente que muitos conflitos interiores que nascem na culpa, na insatisfação, nos comportamentos alienantes, transformam-se em verdadeiros algozes do indivíduo durante a sua existência.

Excessos prejudiciais projetam cansaço e mal-estar posterior.

Abusos de qualquer ordem refletem-se como revés e inconformismo.

Tais fenômenos, portanto, são decorrência dos comportamentos doentios a que se entregam os indivíduos que se movimentam no sentido contrário à correnteza moral da existência.

É necessário que cada qual desperte para os seus próprios valores, procurando trabalhar as imperfeições e desenvolver os recursos preciosos que lhe jazem adormecidos.

Aqueles que se acostumaram às queixas e reclamações sem o esforço para entender o que em realidade ocorre à sua volta, estão sempre com antolhos que lhes impedem a visão ampla a respeito dos fenômenos existenciais.

Basta-lhes acomodar-se à insatisfação e disparar contínuos dardos de descontentamento contra tudo e contra todos.

Movimentam-se continuamente de uma situação deplorável na direção de outra, sem uma real modificação de conduta. É natural que se encontrem amargurados e agressivos. Ninguém, porém, irá resolver-lhes os problemas. A eles cabe disciplinar-se, autopenetrar-se, entender os objetivos existenciais e avançar no rumo certo.

❈

Anteriormente, quando as pessoas se encontravam aturdidas e avassaladas por perturbações espirituais, vinculadas às tradições religiosas do passado, demonstravam dificuldade em aceitar o comércio mental e moral com os desencarnados, particularmente os infelizes e perseguidores.

À medida que as luzes do Espiritismo projetaram o conhecimento em torno da realidade da vida após o túmulo, aumentando o número de adeptos em suas fileiras, a aceitação desse fenômeno tornou-se mais natural e mais clara.

Nada obstante, percebe-se que a maioria saltou da primeira postura para a segunda, sem a necessidade da saudável reflexão, passando a atribuir todas e quaisquer ocorrências menos felizes à interferência dos Espíritos maus, como se os reencarnados fossem marionetes nas mãos odientas dos perseguidores.

É claro que as obsessões desempenham papel muito grave no conjunto social destes dias, em face das vinculações pessoais entre os indivíduos e os desencarnados em desequilíbrio. Mas a ocorrência é resultado da Lei de Justiça, facultando aos adversários o campo próprio para o refazimento das afeições destroçadas, sendo propelidos pelos sofrimentos.

Essa magna questão poderá ser resolvida mediante as ações meritórias daqueles que se encontram comprometidos com a verdade, não lhes sendo necessário o camartelo da aflição. Entretanto, em face da sua rebeldia, a vida lhes impõe o processo depurativo pela dor, evitando o prolongamento da situação lamentável.

A crença de que são sempre vítimas espirituais, e tudo quanto lhes sucede de desagradável tem origem nas perseguições dos adversários, oculta uma forma de astúcia, tornando a doença, o desar, os infortúnios provocados pelos desencarnados, desde que se logre afastá-los, desapareceriam esses fenômenos infaustos... Nesse comportamento estaria disfarçada a habilidade em transferir para os Espíritos atrasados a responsabilidade das ocorrências nefastas das suas existências, em vez de assumirem a responsabilidade pelos sucessos prejudiciais que lhes acontecem...

Cada qual, porém, terá que se libertar do emaranhado em que se envolveu a esforço pessoal, naturalmente com a ajuda do seu próximo, o que é compreensível, porém, mediante grande empenho de si mesmo.

Grande número de Espíritos reencarnados experimenta as consequências do estágio moral em que se encontra, como é evidente, em cujo grupo há predomínio do egoísmo, dos interesses mesquinhos com ausência dos sentimentos relevantes, dos esforços pelo crescimento espiritual, que lhes faculta a vivência dos problemas conflitivos.

A intemperança, a rebeldia sistemática, o atraso emocional, a culpa não assimilada, o egotismo transformam-se durante o trânsito carnal em desafios a cada indivíduo, impondo-lhe as situações doentias que tipificam essa fase da evolução.

É indispensável romper-se as amarras com a acomodação nessa conduta e iniciar-se nos princípios da elevação moral, experienciando a coragem do autoenfrentamento, da identificação das suas expressões grosseiras, substituindo-as por aquelas de natureza espiritual, esforçando-se cada um por superar as dificuldades, porque o processo da evolução não ocorre por meio de artifícios mágicos.

❉

Os problemas internos apresentam-se hoje ou mais tarde no mundo exterior, em razão da necessidade de serem eliminados.

Jesus referiu que nas *nascentes do coração* brotam as boas como as más ocorrências, reportando-se ao ser interno que se é, em vez da argamassa celular em que se movimenta.

Não postergues, pois, a oportunidade de autoconhecer-te, autodefinir-te para as realizações da harmonia pessoal, para a superação dos infortúnios e a conquista do bem-estar.

Tudo isso depende exclusivamente de ti...

17

Compaixão sempre

Há crimes que se revestem de tal crueldade que se tornam hediondos sob qualquer aspecto considerado. Guerras, terrorismo, campos de concentração, perseguições étnicas, homicídios seriais, sequestros que terminam em desencarnação, furtos e roubos com o assassinato das vítimas, estupros, pedofilia, os delitos denominados de *colarinho branco*, somente para relacionar alguns dos mais perversos, vêm apresentando estatística sempre crescente, numa demonstração lamentável do desprezo à ética e à moral, como frutos espúrios, de um lado, em razão das terríveis psicopatologias desses criminosos antissociais, dos obsidiados por Espíritos asselvajados e, por outro, em decorrência das injustiças sociais que predominam na sociedade contemporânea.

Os transtornos de comportamento, no campo individual, que dão margem à violência e à perversidade, como resultados do ciúme doentio e covarde, vêm transformando os lares em campos de batalha, nos quais sempre têm lugar as agressões machistas, no contínuo desrespeito à mulher, nos maus-tratos aos filhos e em ultrajantes assassínios que estarrecem...

Nada obstante, os desvios de conduta e os conflitos individuais respondem por outra ordem de delitos que se desenvolvem nos bastidores dos relacionamentos, gerando sofrimentos inenarráveis, animosidades profundas, ódios e ressentimentos de largo porte...

Trata-se do aborto provocado, um dos mais sórdidos crimes que alguém se permite, especialmente pela razão de atacar um ser que não se pode defender, mais lamentável ainda, quando pessoas de destaque na comunidade exibem a infâmia da sua prática, estimulando os fãs ardorosos e apaixonados pelos seus desempenhos a procederem de maneira equivalente...

A infidelidade conjugal banalizou-se de tal forma, tanto para homens como para mulheres, que passou a ser motivo de exaltação dos irresponsáveis, nas denominadas confissões públicas em periódicos que são verdadeiros agentes multiplicadores de opinião, estimulando o desrespeito e a vulgaridade...

A calúnia com objetivo de difamação transformou-se em instrumento de vingança e de inveja, ampliando o seu círculo odiento, sem qualquer sentimento de piedade pela vítima, que ignora a ocorrência danosa.

A maledicência doentia, que grassa nos meios sociais, em forma de distração, sempre, porém, é portadora de intenções prejudiciais a respeito daquele que lhe padece a injunção desleal.

Em campo muito mais vasto, os pensamentos de antipatia, os desejos de infortúnio para os outros, os campeonatos duelistas internos, as contínuas ondas de malquerença, em decorrência da inferioridade moral em que se encontram essas criaturas, contribuem para que a psicosfera do planeta terrestre se torne quase insuportável...

Todos esses e muitos outros vícios espirituais atestam o grau de primitivismo em que transitam muitos milhões de seres humanos que, apesar do conhecimento intelectual, das admiráveis conquistas do pensamento, da ciência e da tecnologia, ainda não se deixaram penetrar pelos nobres sentimentos do amor, no respeito a si mesmo, assim como ao seu próximo.

Apesar da impunidade que vigora em muitas nações infelizes, nas quais os governos arbitrários são também passíveis de penalidades, em razão da exploração e da indiferença para com os problemas do povo, ao qual juraram proteger e diminuir as aflições, momento chega em que as consciências anestesiadas desses sicários da Humanidade despertam, convocando-os às inadiáveis reparações dolorosas.

Retornam, compulsoriamente, ao corpo carnal em situação lastimosa, portando idiotia, degenerescências mentais e físicas, chafurdando na miséria em lugares e situações sub-humanas, onde aprenderão a respeitar as concessões da vida, que tiveram ao alcance, momentaneamente, e malbarataram.

Ninguém foge aos impositivos dos Estatutos da vida que inscrevem em cada qual a legislação moral, mesmo quando não se apresenta lúcida...

❋

Convém observar-se a situação das vítimas dessas insânias, as pessoas que perderam a alegria de viver, que foram massacradas e expulsas do convívio do grupo social no qual se movimentavam, que tombaram nos transtornos depressivos e nos sofrimentos íntimos inenarráveis, sem oportunidade de defesa ou de esclarecimento da ocorrência.

Silêncios heroicos se impuseram muitos que tombaram nas malhas terríveis e asfixiantes desses crimes nefandos, roubando-lhes a alegria e a motivação para viver, tornando-os sonâmbulos no meio da multidão...

Alguns tentaram justificar-se, explicar-se, mas não tiveram tempo, sendo vítimas *inocentes* das ocorrências coletivas e destruidoras. Outros mergulharam no desgosto, na dor da saudade, no abismo da vergonha, no constrangimento, deixando-se consumir pelo ódio, pelo ressentimento em contínuo amargor, ante o desejo de vingança, o anseio por justiça, vencidos pela revolta...

Infelizmente, nesses casos, o mal dos maus conseguiu alcançar a sua meta, que era fazer-lhes mal.

Jesus recomendou que não se deve resistir à *tentação* dos maus, sintonizando com eles, entrando em parceria mental, permitindo-se agasalhar os sentimentos negativos que lhes são habituais, porque isso é muito pior do que a ocorrência em si mesma.

Se o mal não receber a contribuição da revolta da vítima, da sua mágoa, do seu desalento, eis que perde o significado infeliz por falta de sustentação vibratória e emocional.

Uma única atitude, no entanto, deve ser mantida ante as ocorrências danosas destes dias, que é o perdão ao criminoso e o rechaço ao seu comportamento.

O perdão àquele que é responsável pela desgraça que infligiu a outrem não o exonera da responsabilidade da ação perniciosa, que terá de responder pelos danos causados, mas proporciona um grande bem à vítima, sem sobrecarregar o responsável pela sua infelicidade.

Há situações e gravames, no entanto, que, pela sua perversidade, não inspiram a dádiva do perdão, provocando reações emocionais e orgânicas as mais devastadoras. Apesar disso, não há outra alternativa exceto considerar que, diante da magnitude do feito mau, não sendo possível perdoar porque as resistências morais não o permitem, pelo menos se deve desculpar, facultando ao calceta o direito de ser um transtornado... Ainda assim, havendo dificuldade e resistência psicológica para a desculpa, tal o impacto do ato infeliz, existe uma última possibilidade de não se vincular ao déspota, que é ter compaixão dele.

A compaixão é o passo último ou primeiro que deve ser dado por qualquer pessoa que foi vítima de injunção malévola ou destrutiva.

Esse sentimento de compreensão da miséria do outro permite que se lhe não deseje mais desventura além daquela em que fossiliza.

Numa reflexão que deve ser feita com espontaneidade, aquele que sofre deve colocar-se no lugar do perseguidor e considerar quanto ele padece interiormente, vitimado por distúrbios de vária ordem e como é desventurado por anelar felicidade produzindo a desdita de outrem.

Mediante essa atitude, que dá a medida possível do infortúnio do algoz, a sua vítima pode, sim, compadecer-se do desditoso, não mais se permitindo vencer pelo ressentimento, desculpando-o em relação ao crime cometido, e, por fim, perdoando-o...

❉

Allan Kardec, em *O Livro dos Espíritos*, na questão número 752, interrogou aos benfeitores da Humanidade:

– *Poder-se-á ligar o sentimento de crueldade ao instinto de destruição?*

E os Espíritos elevados responderam: – *"É o instinto de destruição no que tem de pior, porquanto, se, algumas vezes, a destruição constitui uma necessidade, com a crueldade jamais se dá o mesmo. Ela resulta sempre de uma natureza má."*

Todos aqueles, porém, que são vítimas dessas condutas desvairadas, recuperam-se de erros não menos graves que cometeram anteriormente, edificando-se e reparando-os agora, a fim de ascenderem pela escada do progresso moral e espiritual às cumeadas da felicidade.

A Divindade, no entanto, não necessita desses flageladores porque dispõe de mecanismos próprios, no entanto, o primitivismo de muitos Espíritos, por vontade pessoal, torna-se instrumento da Justiça impondo reparação, porém tombando nos mesmos abismos...

Compaixão, desculpa e perdão, portanto, constituem a trilogia terapêutica a que se devem entregar aqueles que sofrem as situações dolorosas referidas.

18

Enfermidades

Os mais avançados centros de saúde na atualidade, ante as problemáticas que lhes dizem respeito, estabeleceram que os seus esculápios devem ter em mira os sintomas apresentados, as doenças em caráter prioritário, deixando o paciente em plano secundário.

Como consequência, a grande preocupação no atendimento é a libertação da doença, o desaparecimento dos seus sintomas, oferecendo os resultados que são denominados como a conquista da cura ou o retorno da saúde.

Não obstante a respeitabilidade da programação, o paciente, em si mesmo, é que merece os primeiros cuidados e estudos, uma observação acurada, a fim de compreender-se as razões subjacentes dos sintomas que o afligem em forma de doença.

Invariavelmente, na raiz dos desastres orgânicos, das infecções, das instalações de sintomas e das doenças encontra-se o indivíduo em si mesmo desajustado, dominado por conflitos conscientes ou ignorados, autopunindo-se ou buscando mecanismos de fuga dos problemas, desse modo, mesmo sem o saber, abrindo campo à sua instalação.

As exigências descabidas que fazem parte do cotidiano das criaturas, os impositivos de natureza socioeconômica, as extravagâncias que adquirem cidadania, a falta do necessário tempo para a reflexão e o relaxamento, a solidão e o desamor transformam-se em conflitos perversos que não são diluídos pela consciência, que se bloqueia ou tenta ignorá-los, avançando no rumo das enfermidades através das quais chama a atenção e recebe cuidados...

O ser humano é, na sua realidade, a consciência, o ser interior, e não a aparência a que dá tanta atenção, em flagrante descuido pelo mundo interno que é o armazém de forças para a sua sustentação. Preocupado sempre em parecer ao invés de ser, transita entre uma ansiedade malcontida e outra não realizada, dissimulando as preocupações ou delas fugindo através dos mecanismos viciosos que a sociedade estabelece como recurso para proporcionar *status*. A desenfreada busca por essa conquista que chama a atenção, gerando bajulação e destaque na comunidade, amarfanha o ser real, que perde o contato com a sua realidade, e quando não mais pode suportar a tensão longamente mantida, deixa-se arrastar pelos transtornos de afetividade ou as doenças de natureza orgânica.

O sistema imunológico bombardeado pela mente irresponsável e insensata, que lhe descarrega vibrações viciosas em contínuo, termina por enfraquecer-se, e visitado pelos agentes patológicos que tentam dominá-lo, termina por ceder campo às contaminações que se transformam em desconforto e desorganização molecular.

As células, que mantêm o ritmo da mitose dentro de um equilíbrio perfeito, transferindo as memórias para as sucessoras, ao impacto dos desajustes emocionais sofrem no seu metabolismo as descargas vibratórias perniciosas e experimentam prejuízo no automatismo, passando a ceder campo à invasão das bactérias e vírus destrutivos que as aniquilam implacavelmente.

Cuidando-se dos sintomas e das enfermidades no seu aspecto de apresentação, olvida-se da realidade causal de natureza vibratória que provém do próprio paciente.

É comum, nesses casos, que o paciente tratado conforme os padrões estabelecidos liberte-se da enfermidade que o levou ao nosocômio, embora permaneça com os mesmos distúrbios internos, portanto, sem haver recuperado a saúde.

Não poucas vezes, a doença orgânica deixa resíduos prejudiciais no emocional do indivíduo, que embora liberado do mal-estar, permanece enfermo intimamente, desencadeando futuros problemas na área do equilíbrio orgânico.

Quando os nobres zeladores da saúde alterarem a forma de atendimento aos enfermos, começando por uma anamnésia mais profunda em torno do comportamento emocional, da situação econômica e da conduta do paciente, da sua afetividade, melhor e mais eficazmente será o atendimento com a consequente erradicação do mal que o perturba.

❦

Na problemática das enfermidades não deve ser descuidada a observação de que o Espírito é, em si mesmo, o doente, em face dos seus atos nas experiências reencarnatórias do passado.

Transferindo, via perispírito, as ações de uma para outra existência, aquelas de natureza enfermiça e destrutiva mais facilmente se insculpem nas tecelagens delicadas desse *envoltório semimaterial do Espírito*, produzindo os fenômenos de desgaste e de desorganização que se convertem em problemas na área da saúde.

Convidado pelas Divinas Leis ao ressarcimento dos males anteriormente praticados a outrem e a si mesmo, conduz os germes responsáveis pela sua recuperação, experimentando os efeitos negativos daqueles comportamentos infelizes.

Como a maquinaria orgânica produz tudo quanto é necessário à sua estabilidade, sofrendo a ação perniciosa do Espírito calceta, deixa de contribuir com os poderosos recursos autoelaborados para a preservação da saúde e, quando se instalam as doenças, faltam os comandos morais que desenvolvem os processos vitalizadores capazes de expulsar ou mesmo instalar os agentes patológicos destrutivos.

A mente inabituada ao equilíbrio, às disciplinas morais, por sua vez, transtorna-se também e manifestam-se os distúrbios emocionais que mais complicam a situação orgânica.

Nada obstante, quando o enfermo se resolve pela recuperação real e aceita a orientação saudável do seu médico ou da sabedoria universal, muda de comportamento mental, psicológico e social, aplicando de forma salutar o pensamento que é o construtor das redes energéticas que se espraiam por todo o organismo, experimentando os salutares resultados.

Nesse sentido, a futura medicina integrativa providenciará equipes especializadas nas terapêuticas energéticas, utilizando-se dos passes, da água fluidificada, das orações intercessórias e renovadoras, envolvendo o paciente em contínuas ondas de bem-estar e de paz, de irrestrita confiança em Deus, todos esses, passos avançados para a aquisição da saúde plena.

Considere-se também que, não poucas vezes, em face da debilidade orgânica do enfermo, dos desajustes emocionais, Espíritos inimigos ou ociosos, vingativos ou perversos, acercam-se-lhe, descarregando no seu campo vibratório energias deletérias, estabelecendo contatos telepáticos deprimentes com ele, enviando-lhe mensagens danosas que dão lugar a processos obsessivos lamentáveis.

Ninguém vive a sós.

No corpo ou fora dele, todos se encontram em sintonia com outros que lhes compartem os ideais, as aspirações, os anelos do sentimento, as angústias e dores...

Quando se trata de pessoas viciosas, vinculadas a situações equívocas do ontem como do hoje, mais facilmente proporcionam sintonia com esses equivalentes morais, experimentando-lhes as contribuições infelizes em que se comprazem, explorando as energias animais desses cômpares psíquicos...

Em qualquer problema, pois, de enfermidade, o paciente merece cuidados especiais, advertências e orientações seguras sobre a sua conduta mental, o seu direcionamento espiritual, as suas necessidades reais.

❋

Saudável ou enfermo, nunca te esqueças de que és o de que te tens feito, procurando recompor-te emocionalmente, mediante o cultivo dos pensamentos edificantes, refugiando-te em leituras enobrecedoras, reflexionando a respeito dos temas que te enlevam espiritualmente, e orando sempre.

A comunhão com Deus por meio da prece facultar--te--á a canalização de energias superiores da vida que virão pelo veículo do pensamento, robustecendo-se e levantando-te do leito se, por acaso, nele te encontras.

Em qualquer situação, pois, ama e faze todo o bem ao teu alcance, enriquecendo-te de *talentos* de luz, que saberás multiplicar para a correta devolução Àquele que te facultou a posse temporária.

A saúde, sem dúvida, é um desses fabulosos *talentos* que são oferecidos aos transeuntes da evolução, dos quais terão que dar contas.

19

Vivência da felicidade

Normalmente a felicidade é considerada como falta de sofrimento, ausência de problemas e de preocupações. O conceito, no entanto, é cediço, destituído de legitimidade, porque se pode experienciar bem-estar, felicidade, portanto, em situações de dor, assim como diante de problemas e de desafios.

A felicidade é um estado emocional, no qual as questões externas, mesmo quando negativas, não conseguem modificar o sentimento de harmonia.

Da mesma forma, acontecimentos e circunstâncias perturbadores são incapazes de alterar-lhe a magnitude, porque podem ser administrados e conduzidos a resultados edificantes.

Sempre se considera a infelicidade como a má sorte, a debilidade orgânica, a presença de enfermidades, os problemas financeiros e emocionais, a solidão e a insegurança, deixando transparecer que a felicidade seria o oposto.

Nada obstante, podemos considerar a felicidade como resultado de pensamentos corretos, de atos e de sentimentos enobrecedores.

Caso as ocorrências não sejam benéficas, propiciando prazer e poder, isso, de maneira alguma pode ser considerado como desgraça ou desar, dependendo, naturalmente, da maneira como sejam encaradas.

Invariavelmente, a situação deplorável de hoje, se bem administrada, transforma-se em dádiva de engrandecimento interior e de compreensão dos acontecimentos existenciais, mais tarde, favorecendo a conquista da felicidade.

O asceta, o mártir, o idealista, quanto mais enfrentam dificuldades, melhor se sentem, agradecendo à vida as aflições que os elevam, que os ajudam a concretizar os objetivos que abraçam e os santificam. No entanto, para o indivíduo comum, as sensações bem-atendidas, o conforto, a conquista de valores amoedados, o experimentar de prazeres contínuos são fenômenos que se convertem em expressões de felicidade... Certamente, uma situação, a primeira postura, tem que ver com as emoções superiores da alma, enquanto que a outra diz respeito às sensações dos sentidos físicos de efêmera duração.

A felicidade, portanto, desse modo, não está adstrita a determinados padrões, de maneira que seja a mesma para todos os indivíduos.

Estando as pessoas em estágio com diferentes níveis de consciência e de conhecimento, as suas aspirações diversificam-se, apresentando-se em tonalidades muito especiais, representativas de cada qual. Desse modo, o conceito de felicidade na vivência normal e comum é muito diferente, em relação aos seres humanos, apresentando-se com características próprias, referentes ao estágio e qualidade da emoção de cada um.

O véu que oculta o discernimento da felicidade real é colocado pelo *ego*, na sua feição imediatista, vinculado aos interesses pessoais e movimentando-se somente em torno deles, o que não corresponde à realidade dos valores que tipificam o estado de harmonia real, de plenitude. É provável que a felicidade para muitos não seja mais do que algumas alegrias derivadas das ambições que se fizeram palpáveis, após algum esforço por consegui-las. Para outros, podem ser as satisfações hedonistas, em que o gozo foi transformado em finalidade primordial da existência, embora fugidio e cansativo.

A felicidade, porém, não se afirma como o trânsito fácil pelos altibaixos da experiência carnal, tornando-se necessário que sejam eliminados os tóxicos mentais e a ignorância em torno das Leis de Solidariedade e de Compaixão, que devem ser vivenciadas no íntimo, de forma a melhor compreender-se o sentido psicológico do existir.

❁

O discernimento a respeito dos significados da existência terrestre proporciona uma visão ampla e sem falhas da felicidade em toda a sua magnitude, por facultar a compreensão das ocorrências durante a vilegiatura humana.

É provável que uma calúnia e uma inimizade que aparecem inesperadamente tisnem o estado de paz de alguém, atirando-o ao desespero, ao desejo de desforço, à demonstração de inocência... Esse momentâneo adversário que gera revolta e estimula os sentimentos de vingança, inspira animosidade, passando a ser detestado. No entanto, em seu comportamento normal, é gentil com outras pessoas, granjeando simpatia e afeição, confirmando que a óptica pela qual é observado tem desvios de apresentação conforme cada observador.

Entender a situação de outrem, suas dificuldades emocionais e seus problemas de relacionamento, especialmente em relação a si mesmo, constitui um modelo de autopreservação de decepções e de conflitos na área do comportamento social. Não se pode esperar que todas as criaturas reajam da mesma forma nos relacionamentos humanos, elegendo uns amigos em detrimento de outros, o que produz aceitação e rejeição.

Quando se tem a capacidade de desculpar, não se perturbando ante os acontecimentos desagradáveis do processo de convivência com os demais, trilha-se com segurança o roteiro que leva à harmonia, que predispõe à felicidade.

Uma das razões dominantes para a presença da infelicidade é a ambição desmedida, que confunde o ter com o ser, o poder com o realizar-se.

A educação social na Terra, infelizmente, ainda tem a predominância pela exaltação do mais forte, pelo triunfo do mais rico ou mais belo, pela coragem do mais hábil na arte de projetar a imagem, estabelecendo a felicidade como a glória externa, o brilho fácil nas rodas socioeconômicas dominantes...

Como efeito, quando não se conseguem esses padrões de falsa felicidade, pensa-se em desdita, em fracasso.

Não é raro encontrar-se pessoas ricas e que alcançaram o topo, invejadas e copiadas, cercadas de fãs ardorosos e perseguidas pelo noticiário da frivolidade, que lamentam interiormente a fama e o alto escalão em que se deparam nos círculos em que se movimentam.

Esse triunfo constitui-lhes verdadeiro suplício, enquanto um incontável número que se encontra no anonimato ama a existência e com ela se compraz, muitas vezes enfrentando carências e dificuldades.

A verdadeira educação deve ter como meta formar cidadãos, criar condições dignificadoras para o indivíduo, fortalecimento dos valores ético-morais, porque os padrões exteriores mudam de situação a cada momento, enquanto os de natureza íntima permanecem como diretrizes de sabedoria geradora de paz interior.

Em geral, o sofrimento apresenta-se em todos os setores humanos como desdita ou infortúnio.

Considerando-se, porém, que é inevitável, que sempre surgirá momento em que se apresentará, em razão da circunstância em que o Espírito evolui, ainda apegado aos débitos de ontem como às intercorrências desequilibradoras de hoje, o recurso precioso para o enfrentamento é a constatação da sua transitoriedade, em face da maneira como deve ser encarado, dando-lhe qualidades positivas de aperfeiçoamento moral, de metodologia que leva à autorreflexão, ao aprimoramento interior.

A felicidade, desse modo, não é a falta de sofrimento...

Pode-se ser feliz, embora com algum sofrimento, que não descaracteriza o bem-estar e a alegria de viver propiciadores do estado pleno.

❦

A felicidade real tem muito a ver com a felicidade que produz em torno, com aquela que diz respeito aos outros.

A chave para ser viabilizada está no amor a si mesmo e ao próximo, nessa deferência que deve ser dedicada ao esforço de autoaprimoramento, de elevação de qualidades morais, de significados emocionados, tendo em vista as demais criaturas. Quem apenas se ama, sem tempo de ampliar o círculo da afetividade com os outros, sofre de miopia moral e, no seu egotismo, perde o sentido existencial.

Somente quando se ama aos demais caminhantes da estrada da evolução, é que se desenvolvem os sentimentos de nobreza, especialmente os de compaixão, de misericórdia, de solidariedade e caridade no seu sentido mais elevado.

Nesse amor que se expande, absorvem-se a harmonia e a certeza de que após a transição do corpo pelo fenômeno da morte biológica, haverá o despertamento do Espírito em forma de consciência livre de culpa, em estado de real felicidade.

20

A DITADURA DO *EGO*

Estabeleceu-se, ao longo dos tempos, que o indivíduo dotado de personalidade é aquele em que o *ego* exerce predominância.

O seu caráter forte deve assinalar-se pela força do seu querer e do seu poder, graças a cujos valores tem facilidade para vencer obstáculos e triunfar no grupo social no qual se encontra.

Aqueloutros, no entanto, que são portadores de sentimentos nobres e gentis, possuidores da capacidade de servir e de amar, são tidos como portadores de fraquezas, e, muitas vezes, são encarados como vítimas de distúrbios de conduta psicológica.

O indivíduo forte e valoroso neste conceito é aquele que se destaca pela firmeza e mesmo pela prepotência que exterioriza em relação aos demais.

A primazia do *ego*, no entanto, é defluente da construção dos interesses pessoais imediatos, em detrimento daqueles de natureza geral, de maior amplitude social e humana.

Em face da ilusão sobre a permanência do conjunto somático em que o Espírito se movimenta na Terra, fixam-se-lhe equivocadas impressões de perenidade em torno de tudo quanto, afinal, é transitório.

A ideia falsa em torno do prazer estimula a ambição pela posse e a consequente conduta que impõe o amealhar de coisas a que atribui exagerado valor.

É essa sensação da posse que desenvolve a ditadura do *ego* no comportamento dos indivíduos e das coletividades.

O *ego*, no entanto, não passa de um constructo mental destituído de realidade.

Quando acredita que o corpo é seu, que suas são a consciência e demais expressões da vida física, emocional e mental, demonstra a incoerência em que se sustenta, porquanto é incapaz de comandá-los, sendo, pelo contrário, dirigido pelas suas forças biológicas...

Nada obstante, a educação incorreta que lhe trabalhou a personalidade, gera dificuldades nos relacionamentos e os apegos produzem inveja, competição, insegurança, geradores de sofrimentos desnecessários. Esse sofrimento é sempre resultado da constatação da impermanência das posses e dos limites que as caracterizam, porque são impróprias para preencher o vazio existencial, trabalhar a harmonia interna, satisfazer as ambições que sempre se renovam e se multiplicam em incessante sofreguidão...

O portador de um *ego* acentuado, quando observa uma obra de arte que o deslumbra, sente o desejo de possuí-la. Antes, porém, de fazê-lo, se por qualquer ocorrência a mesma se arrebenta ou incendeia, é tomado por um sentimento de frustração e de pena, logo seguindo adiante. No entanto, se a houvesse adquirido antes e a visse destruir-se, a dor moral pela perda seria de grande porte, dando lugar à sensação de vulnerabilidade e de incapacidade para deter o que lhe escapou das mãos.

Ninguém, desse modo, é dono de nada, possuindo somente aquilo que não lhe pode ser tomado ou destruído, que tem inquestionável existência real.

Muitas vezes, um choque, um encontrão com outrem, ou um golpe qualquer, mesmo não intencional, produz dor, tornando-se lamentável ocorrência, porém, a irritação que de algo tão sem importância resulta, gera ulceração no *ego*, que é tomado de revolta e sente-se magoado. Isto porque, a dor física logo passa, mas o *ego* ferido guarda ressentimento, desejo de desforço, aborrecimento...

Tudo, portanto, no mundo objetivo, é ilusão, e esta é a grande responsável pelo desejo que se frustra e produz sofrimento.

A superação do *ego* torna-se essencial para aquisição da felicidade, da alegria de viver, do bem-estar.

O que se tem transita por várias mãos, entretanto, o que se é, resultado das aquisições morais, torna-se permanente, proporciona harmonia e predispõe ao prosseguimento das realizações.

❦

Há uma necessidade inconsciente no *ego* para possuir, para apegar-se, para lutar pela posse, para gerar conflitos e dominar.

Fixado na aparência das coisas, esquece-se da essência, do conteúdo de tudo, da finalidade existencial que é maior do que a transitória jornada física.

Quando o ser se conscientiza de que se encontra no mundo em aprendizagem de rápido curso, consegue valorizar o que tem significado real e aquilo que somente se expressa em aparência.

A liberdade pela qual todos lutam, a fim de consegui-la, deve iniciar-se no íntimo, mediante a superação da posse das suas mazelas que fortalecem os sentimentos egotistas e aprisionam nas paixões do ter.

Usando o de que se dispõe e liberando-se da sua dominação, consegue-se, a pouco e pouco, vencer o tormento íntimo que escraviza as pessoas às coisas, às circunstâncias e às posições, facultando trânsito ideal por todo lado.

Jesus, por exemplo, sendo o Senhor do Orbe, esteve entre os homens e as mulheres, alimentou-se com eles, conviveu e sofreu, sempre livre, totalmente voltado para a *realidade espiritual*.

A Sua herança para a Humanidade foram os exemplos, os ditos e os não ditos, o poema de vida e de amor que ainda hoje iluminam as mentes e harmonizam os corações que O buscam.

Estimar as coisas sem as supervalorizar, considerando que o tempo as modifica, destrói e consome, é a melhor conduta.

Quando se está fixado somente nelas, ainda se estagia na infância espiritual.

É a ilusão que se mantém em torno das posses que se transforma em dor e angústia, quando a realidade se apresenta. Não apenas em relação ao ter, mas também no que diz respeito a determinadas sensações do prazer nos relacionamentos, nas afeições, nas posições de destaque, na exibição de títulos e valores, no apego ao *eu* transitório.

– *Acumulai tesouros nos Céus* – disse Jesus –, *onde nem a traça, nem a ferrugem os consomem, e onde os ladrões não minam nem roubam, porque onde estiver o vosso tesouro, aí estará também o vosso coração. (Mateus 8: 20 e 21)*

❉

Onde se situa o *ego*, senão na área da imaginação?!

Ele não tem existência real, semelhando-se à névoa que o Sol dissolve, à sombra que a luz anula, ao sonho que a realidade dilui...

O esforço em favor do autoconhecimento que ajuda a discernir aquilo que é utópico do verdadeiro, é que traça o caminho para uma existência saudável e feliz.

O antídoto, portanto, do *ego*, na sua ditadura existencial, é o amor na sua gloriosa missão de despertamento da consciência para o altruísmo, para a ideal convivência com o outro, o seu próximo, para a valorização do que é de significado real e permanente.

Buscar, portanto, o Reino de Deus, que também se encontra no imo, é o recurso mais eficaz para libertar-se da infeliz ditadura que amarfanha os sentimentos e entenebrece a razão...

21

Ressentimento doentio

A queixa contumaz procede, na sua essência, das fixações egoicas que predominam no comportamento do ser humano.

Quando o *ego* deseja fortalecer-se, trabalha para chamar a atenção dos circunstantes, muitas vezes de maneira agressiva, revitalizando-se com a energia que lhe é direcionada.

Hábil, na dissimulação, oculta-se em condutas especiais que disfarçam as suas intenções de predomínio.

Nesse sentido, apresenta-se reativo, reclamando de tudo e de todos, de forma que os louros do bem e do bom exornem-no, exibindo-se como modelo digno de louvor e de comentários.

Em face desse comportamento, acumula toxinas emocionais nas paisagens íntimas, avançando para a manutenção do ressentimento.

Ressentir constitui uma forma de chamar a atenção dos outros em torno da sua morbidade. O egoísta sente necessidade de reviver, de reexperimentar as emoções perturbadoras das situações, mesmo as desagradáveis que lhe são impostas pelas circunstâncias, dessa maneira vestindo-se de vítima, que deve ser homenageada pela sua infelicidade...

À medida, porém, que o ressentimento acumula resíduos psicológicos de amargura, transforma-se em rancor.

Nessa fase, a quebreira se instala e o resultado nefasto surge, atingindo aquele que se permitiu derrapar no engodo personalista.

O ressentimento é estágio de censura contra a conduta do próximo, apontando-lhe os desvarios e os erros que, em hipótese última, trata-se da projeção dos próprios conflitos.

Não tendo coragem de proceder a uma autoanálise libertadora, muito fácil se torna a atitude censurável, rica de observações deprimentes, sempre lúcida no seu aspecto perverso, semeando dissensão e desencanto em torno de si, de alguma forma tornando-se o centro da ocorrência.

O ressentimento demorado transforma-se num bafio pestilento que invade as áreas nobres do cérebro, perturbando-lhe as neurocomunicações, por consequência, dando origem a transtornos de variada catalogação.

A mente saudável sempre emite ondas de harmonia psíquica, enquanto aquela que se desvia das finalidades do bem produz energias para anular as ideias dignificantes, comprazendo-se em albergar as construções morbígenas que a enfermam.

Quando o *ego* não consegue exaltar-se através da fatuidade e da presunção, sente-se ferido, ataca e faz-se mais agressivo quando não encontra resistência, oposição, de que necessita para nutrir-se.

Não reagir ao mal do rancoroso, em vez de ser uma atitude significativa de fraqueza moral, constitui uma verdadeira fortaleza espiritual daquele que padece os espículos disparados pela inferioridade de quem se lhe volta contra.

Carregar um sentimento semelhante, revidando acusações, entrando em debate inútil, constitui uma forma de armar-se e perder a serenidade.

Somente porque alguém se transforma em inimigo de outrem, esse não tem por que preocupar-se com a sua insânia, devendo prosseguir em paz.

Há, no entanto, eficiente antídoto, que não deve ser olvidado, sempre que o ressentimento ensaie instalar-se nas paisagens mentais...

Trata-se do perdão incondicional, irrestrito.

❈

O perdão é valioso recurso psicoterapêutico para as insinuações melindrosas do ressentimento.

Evitar-se a reclamação e a queixa contumazes é evidência de equilíbrio, de respeito pelo conjunto social. No entanto, ocasião surge em que se não pode transigir com o erro, deixando-se de advertir o equivocado quando a circunstância assim o ensejar, de chamar a atenção de alguém que se encontra em desalinho comportamental, no entanto, sem derramar fel na advertência nem chibatear com o verbo aquele que se apresenta leviano ou irresponsável.

Muitas pessoas egoístas e insensatas, embora se encontrem na ignorância em torno da realidade, comportem-se de maneira reprochável, não admitem ser admoestadas, como se tudo devesse estar submetido à sua conduta enfermiça. Desse modo, cumpre ao cidadão ordeiro não permitir que o desequilíbrio tome conta do grupo social, receando sensibilizar esses indivíduos perturbadores do bem-estar dos outros, portadores de tal egoísmo que se olvidam dos demais para comportar-se inadequadamente conforme lhes apraz. Contribuir para a manutenção da harmonia é dever de todos, porque somente assim é possível fomentar-se o progresso, não se tornando, em consequência, um fiscal do comportamento alheio, um novo *dono* de tudo...

Diante, porém, dos ressentidos, a atitude de perdão para com eles deve expressar-se como tolerância e bondade, mantendo a compreensão em torno da sua dificuldade de agir corretamente, assim entendendo a sua incapacidade momentânea de manter-se em equilíbrio, abrindo espaço interior para a compaixão fraternal.

Dando-se direito de o outro, o seu próximo, estagiar em nível evolutivo mais atrasado, apresenta-se o interesse de o ajudar a crescer, não lhe exigindo conquista além das possibilidades de que se encontre possuído.

Essa visão fraternal enseja incomparável bem-estar, uma sensação de encontrar-se em harmonia, não se exaltando com os arroubos do entusiasmo em considerações de ser melhor do que os outros, assim como não se aturdindo ante as injunções negativas e perniciosas.

O perdão, o que equivale à compreensão do outro na sua situação ainda deplorável, exterioriza o equilíbrio interior, a harmonia existente entre o físico, o psíquico e o emocional.

Não te permitas, pois, acolher os miasmas do ressentimento que dá azo à antipatia e à animosidade.

Não te sintas discriminado, mal-amado, injustiçado, sempre armado...

As acusações que fazes, informando que os outros estão contra ti, são síndromes doentias do *ego* dominador, desejando submeter as outras pessoas ao seu talante, conforme já o conseguiu em relação a ti.

Mantém-te jovial, mesmo nas circunstâncias adversas, não permitindo que os desvarios de fora, os petardos mentais venenosos que são dirigidos contra ti, desajustem os equipamentos eletrônicos da tua casa mental e do teu sistema emocional.

Quando cogitas que os outros são opositores teus, desvelas o teu conflito em relação a eles. Se não existe motivo real para que as demais pessoas apresentem-se indispostas ou indiferentes à tua existência, por que manteriam atitudes inamistosas?

Como depreenderás facilmente, o teu mau humor e indisposição constante, assim como o teu temperamento rebelde são os responsáveis pelas suspeitas infundadas, geradoras do ressentimento.

❈

Se buscas urze na seara, mesmo o trigo generoso te parecerá terrível escalracho.

Se a tua óptica está voltada para a censura, o céu que contemplas sempre se apresentará nebuloso e ameaçador.

Se esperas aplauso e entendimento, todo o reconhecimento e a afeição que te sejam doados, parecerão insuficientes para a tua exaltação.

Assim sendo, ama, sê o irmão do caminho, o *samaritano* da parábola, o *cireneu* gentil, e descobrirás que o ressentimento é morbidez que já não existe na tua conduta cristã e espírita, ou, genericamente, na tua cidadania.

22

As emoções

A palavra *emoção* provém do verbo latino *emovere*, que significa *mover* ou movimentar, sendo, portanto, qualquer tipo de sentimento que produza na mente algum tipo de movimentação, que tanto pode ser positiva, negativa ou mesmo neutra.

Importante na ocorrência desse fenômeno são os seus propósitos, assim como as suas consequências. Quando se direciona ao bem-estar, à paz, à alegria de viver e de construir, contribuindo em favor do próximo, temo-la como positiva e nobre, porque edificante e realizadora, No entanto, se inquieta, estimulando transtornos e ansiedade, conduzindo nossa mente a distúrbios de qualquer natureza, temo-la negativa ou perturbadora, que necessita de orientação e equilíbrio.

Os resultados serão analisados pelos efeitos que produzam no indivíduo, assim como naqueles com os quais convive, estabelecendo harmonia ou gerando empecilhos.

São as emoções responsáveis pelos crimes hediondos, quando transtornadas, assim como pelas grandes realizações da Humanidade, quando direcionadas para os objetivos dignificantes do ser.

No segundo caso, desfruta-se de alegria de viver e de produzir o bem, enquanto que, no primeiro, proporcionam sofrimento e angústia, desespero e consumpção.

Para um ou outro objetivo são necessárias ferramentas específicas, tais como o amor, a bondade, a compaixão, a gentileza, a caridade, a fim de lograr-se os resultados nobres, ou, do contrário, a ira, a cólera, o ódio, o ressentimento, a desonestidade que levam ao crime e a todas as urdiduras do mal.

No primeiro, constatamos a nobreza de caráter e dos sentimentos edificantes, enquanto que, no segundo, defrontamos a pequenez moral, o primarismo em que se detém o ser humano.

As emoções, do ponto de vista psicológico, podem ser agradáveis ou perturbadoras, estabelecendo identidades, tais como *aproximação, medo e repugnância e rejeição.*

O importante, no que concerne às emoções, é o esforço que deve ser desenvolvido a fim de que sejam transformadas as nocivas em úteis.

Quando se expressam prejudiciais, o indivíduo tem o dever de trabalhá-las, porque algo em si mesmo não se encontra saudável nem bem-orientado. Em vez de dar expansão às suas tempestades interiores, deve procurar examinar em profundidade a razão pela qual assim se encontra, de imediato tentando alterar-lhe o direcionamento.

As emoções têm sua origem nas experiências anteriores do ser, que se permitiu o estabelecimento de paisagens internas de harmonia ou de conflitos.

Não se deve lutar contra as emoções, mesmo aquelas denominadas prejudiciais, antes cabendo o esforço para desviar-se a ocorrência daquilo que possa significar danos em relação a si mesmo ou a outrem.

Inevitavelmente ocorrem momentos em que as emoções nocivas assomam volumosas. A indisciplina mental e de comportamento abre-lhes espaços para que se expandam, no entanto, a vigilância ao lado do desejo de evitar-se danos morais oferece recurso para impedir-lhes as sucessivas consequências infelizes.

Nem sempre é possível evitar-se ocorrências que desencadeiam emoções violentas. Pode-se, no entanto, equilibrar o curso da sua explosão e o direcionamento dos seus efeitos.

Raramente alguém é capaz de permanecer emocionalmente neutro em uma situação conflitiva, especialmente quando o seu *ego* é atingido. Irrompe, automaticamente, a hostilidade, em forma de autodefesa, de acusação defensiva, de revide...

Pode-se, no entanto, evitar que se expanda o sentimento hostil, administrando-se as reações que produz, mediante o hábito de respeitar o próximo, de tê-lo em trânsito pelo nível de sua consciência, se em fase primária ou desenvolvida.

Torna-se fácil, desse modo, superar o primeiro impacto e corrigir-se o rumo daquele que se transformou em emoção de ira ou de raiva...

❁

Se tomas consciência de ti mesmo, dos valores que te caracterizam, das possibilidades de que dispões, é possível exercer um controle sobre as tuas emoções, evitando que as perniciosas se manifestem ante qualquer motivação e as edificantes sejam equilibradas, impedindo os excessos que sempre são prejudiciais.

Quando são cultivadas as reminiscências das emoções danosas, há mais facilidade para que outras se expressem ante qualquer circunstância desagradável. Como não se pode nem se deve viver de experiências transatas, o ideal é diluir-se em novas experiências todas aquelas que causaram dor e hostilidade.

Isso é possível mediante o cultivo de pensamentos de paz e de solidariedade, criando um campo mental de harmonia capaz de manifestar-se por automatismo diante de qualquer ocorrência geradora de aflição.

Gandhi afirmava que *não se deve matar o indivíduo hostil, mas matar a hostilidade nesse indivíduo,* o que corresponde ao comportamento pacífico encarregado de desarmar o ato agressivo de quem se faz adversário.

Eis por que a resistência passiva consegue os resultados excelentes da harmonia. Provavelmente, o outro, o inimigo, não entenderá de momento a não violência daquele a quem aflige, mas isso não é importante, sendo valioso para aquele que assim procede, porque não permite que a insânia de fora alcance o país da sua tranquilidade interior.

A problemática apresenta-se como necessidade de eliminar os sentimentos negativos, o que não é fácil, tornando-se mais eficiente diluí-los mediante outros de natureza harmônica e saudável.

Acredita-se que a supressão da angústia, da ansiedade, da raiva proporciona felicidade. Não será com o desaparecimento de um tipo de emoção que se desfrutará imediatamente de outra. A questão deve ser colocada de maneira mais segura, trabalhando-se, sim, pela eliminação das emoções perturbadoras, porém, ao mesmo tempo, cultivando-se e desenvolvendo-se aquelas que são as saudáveis e prazenteiras.

Não se torna suficiente, portanto, libertar-se daquilo que gera mal-estar e produz decepção, mas agir de maneira correta, a fim de que se consigam alegria e estímulo para uma vida produtiva.

Viver por viver é fenômeno biológico, automático, no entanto, é imprescindível viver-se em paz, bem viver-se, em vez do tradicional conceito de viver de bem com tudo e com todos, apoiado em reservas financeiras e em posições relevantes sempre transitórias...

Pensa-se que é uma grande conquista não se fazer o mal a ninguém. Sem dúvida, que se trata de um passo avançado, entretanto, é indispensável fazer-se o bem, promover-se o cidadão, a cultura, a sociedade, ao mesmo tempo elevando-se moralmente.

Quando se está com a emoção direcionada ao bem e à evolução moral, o pensamento torna-se edificante e tudo concorre para a ampliação do sentimento nobre. O inverso também ocorre, porquanto o direcionamento negativo, as suspeitas que se acolhem, a hostilidade gratuita que se desenvolve contribuem para que o indivíduo permaneça armado, porque sempre se considera desamado.

Mediante o cultivo das emoções positivas aclara-se a percepção da verdade, das atitudes gentis, dos sentimentos solidários, enquanto que, a constância das emoções prejudiciais faculta a distorção da óptica em torno dos acontecimentos, gerando sempre mau humor, indisposição e malquerença.

Quando se alcançar o amor altruísta, haverá o sentimento de real fraternidade e o equilíbrio se estabelecerá no ser em busca de si mesmo e de Deus.

Jesus permanece como o exemplo máximo do controle das emoções, não se deixando perturbar jamais por aquelas que são consideradas perniciosas. Em todos os Seus passos, o amor e a benevolência, assim como a compaixão e a misericórdia estavam presentes, caracterizando o biótipo ideal, *Guia e Modelo* para todos os indivíduos.

Traído e encaminhado aos Seus inimigos, humilhado e condenado à morte, não teve uma emoção negativa, mantendo-se sereno e confiante, lecionando em silêncio o testemunho que é pedido a todos quantos se entregam a Deus e devem servir de modelo à Humanidade.

Não se podendo viver sem as emoções, cuidar-se daquelas que edificam em detrimento das que perturbam, tal é a missão do homem e da mulher inteligentes na Terra.

23

Viver com simplicidade

Uma existência trabalhada na simplicidade culmina em plenitude de sentimentos e objetivos espirituais. Criado *simples e ignorante,* o Espírito desenvolve as potencialidades divinas nele adormecidas, etapa a etapa, alcançando os nobres patamares da autorrealização, modificando a estrutura que se transforma em energia sublime sem as marcas perturbadoras defluentes do processo evolutivo.

Conseguir-se manter a simplicidade de coração, o que equivale a dizer dos sentimentos, é conquista valiosa que impulsiona à liberdade e à paz.

O apego às complexidades da vida material encarcera o ser nas masmorras das coisas inúteis a que atribui significados que realmente não possuem.

A simplicidade é característica expressiva daquele que encontrou o valioso tesouro da alegria de viver sem impedimentos de qualquer natureza. Isto porque conseguiu vivenciar a renúncia sem os constrangimentos impostos por decisões alheias ou assinalada por conflitos desesperadores.

O ser humano não necessita dos petrechos múltiplos a que se imanta, vitimado por ambições desenfreadas e desejos descontrolados.

Insatisfeito com o que tem e com as formas como se expressa, afeiçoa-se à aparência frívola que proporciona *status*, embora ao preço do sofrimento decorrente da insatisfação pessoal, das renovadas ambições, porque sempre descontente com o já conseguido...

Uma vida simples abre espaço para reflexões e amadurecimento psicológico que proporcionam paz.

Noutra condição, as falsas necessidades atrelam a mente ao desejo de estar em toda parte ao mesmo tempo, de fruir tudo em largas porções, como se isso fora possível... E porque não o consegue, aflige-se, aquele que assim se comporta, em demasia, e desencanta-se com o de que dispõe, com as dádivas abençoadas da existência que já não satisfazem a ganância do ter e do poder...

Quando se adota a simplicidade, o verbo torna-se gentil, edificante, porque não se encarrega de ferir ou de malsinar os outros mediante os graves descalabros da maledicência e da calúnia. Evita interferir nos comportamentos com opiniões não solicitadas, mantendo-se sóbrio e fraternal em todas as circunstâncias.

A sua aplicação é saudável, porque comedida e portadora de objetivos edificantes.

O excesso de palavras irrefletidas sempre acende o fogaréu dos sentimentos perversos, que se transformam em chamas de cólera e de agressividade.

A simplicidade abre as portas das amizades legítimas por propiciar lealdade e alegria de convivência fraternal.

Todos os indivíduos que descobriram os objetivos relevantes da existência humana compreenderam que somente através da simplicidade conseguiriam atingir as metas a que se propuseram. Como consequência, empenharam-se na tarefa de vencer as *más inclinações,* superando as tendências agressivas e as exigências exorbitantes do *ego* enfermiço.

À medida que se aproximavam do ápice dos empreendimentos, mais compreendiam a própria pequenez ante a grandiosidade do cosmo e da Vida, tornando-se cooperadores do bem em todas as suas expressões.

A existência de muitas pessoas é fruída com excessos e dificuldades que se derivam das coisas desnecessárias a que se atam.

Torna-se indispensável trabalhar os fatores da simplicidade, a fim de que a vida se torne agradável e plena, sem angústias nem medos...

❊

Quando se sugere renúncia na existência terrena, logo se pensa em sacrifícios e austeridades que atormentam.

Crê-se, equivocadamente, que todos aqueles que optaram por uma vida simples tiveram que realizar grandes esforços e submeteram-se a tormentos interiores múltiplos.

A proposta da renúncia, porém, direciona-se ao abandono dos excessos de toda natureza, e tudo quanto sendo secundário passa a ter um valor exorbitante, porque somente possui o significado que lhe é atribuído e a posse egotista que o retém no painel mental e emocional do seu possuidor.

Muitos indivíduos atormentam-se e queixam-se por ocorrências desagradáveis, as nonadas do quotidiano, vitalizando as lembranças infelizes que são filhas diletas do *ego* ferido e dos caprichos do orgulho.

Os acontecimentos passados já não existem, senão na memória que os mantém vivos, devendo ser desconsiderados, porque inexistentes, envoltos, no entanto, em gratidão pelos ensinamentos que proporcionaram e deverão ser aplicados para que se lhes evite a repetição danosa.

De igual maneira, não vale a pena a fixação pelo que irá acontecer no futuro, porquanto também isso ainda não existe.

Assim considerando, o passado não pode ser recuperado, conservando-se-lhe os miasmas e os efeitos inquietadores...

Igualmente, a ansiedade pelo futuro, a preocupação exacerbada não têm sentido lógico, porque se trata de expectativas que raramente acontecem conforme os fenômenos de perturbação a que dão lugar por antecipação.

Não se torna necessária uma existência asceta, decorrente do abandono do mundo, na qual a carência se transforma em desrespeito pelos tesouros de amor com que o Pai abençoa os filhos terrestres.

A adoção da miséria espontânea, em nome da renúncia, faz que o indivíduo se torne inútil na sociedade, transformando-se-lhe num peso a ser carregado.

O uso dos recursos que se encontram ao alcance representa utilização saudável para auxiliar o progresso individual, assim como o do grupo social.

A simplicidade que se estrutura na renúncia natural de todo e qualquer excesso por ser desnecessário, liberta o Espírito das fixações e temores das perdas.

Inevitavelmente, quando ocorre a desencarnação, à semelhança do fenômeno do renascimento no corpo físico, quando se chega sem nada, em total nudez, também se dá o despojar-se de tudo e do próprio corpo...

A criatura humana pode ser considerada conforme os seus apegos e renúncias.

Um homem santo, que vivia em total simplicidade, havendo ganhado diversas moedas de ouro, desconsiderando-as, deixou-as no lugar onde se encontrava e seguiu adiante.

Posteriormente, quando malfeitores se informaram da valiosa doação que fora feita ao modesto andarilho, agrediram-no e ameaçaram-lhe a vida, tendo-a poupado, porque lhes explicou que as moedas se encontravam onde ele estivera fazia pouco...

Como não as necessitasse, evitou conduzi-las, desse modo, mantendo-se simples e livre.

❧

Bem-aventurados, disse Jesus, *os puros e os simples de coração.*

A simplicidade é etapa evolutiva que se deve alcançar, treinando-se renúncia e abnegação.

A felicidade, na Terra, independe do que se tem, mas se constitui de tudo aquilo que se cultiva interiormente em amor e simplicidade.

24

A SOMBRIA FACE DO ÓDIO

O ódio, esse famigerado adversário do ser humano, é o perverso genitor da vingança que tantos males proporciona à sociedade.

Iniciando-se na raiva, condensa-se em emoções perturbadoras que se convertem em tormentos destruidores de que as criaturas terrestres ainda não se resolveram por banir em definitivo do seu comportamento.

Herança hedionda do primarismo por onde o Espírito transitou em experiências passadas, responde por terríveis males que assolam a Terra.

Guerras e terrorismo, perseguições cruéis e estúpidas, preconceitos e crimes inomináveis são frutos espúrios das suas articulações nefastas.

Nutrindo-se do cultivo dos pensamentos doentios, trabalha os tormentos defluentes da inferioridade moral do indivíduo, convertendo-se em enfermidade grave a devorar igualmente aquele que o cultiva.

O ódio é vírus moral que infecta as pessoas inadvertidas e as domina, tornando-as agentes de destruição onde se encontram.

O seu antídoto é o amor feito de compaixão e de amizade, que constitui recurso terapêutico legítimo para restituir o equilíbrio, a saúde moral.

Quando o ódio se instala nos sentimentos, de imediato se apresenta o desejo de vingança que, de forma alguma, proporciona a reparação do mal que lhe deu origem. No desvario que encoraja, fixa-se o anseio pelo desforço, por ver sofrer aquele que produziu dano ou aflição.

O outro, aquele que é tido por adversário, passa a ser uma figura detestada, sendo vigiada e mentalmente perseguida, sem nenhuma chance de reparação do equívoco, porque o ódio não permite ao infeliz a sua recuperação. Compraz-se em vê-lo sofrer até a exaustão, numa terrível conjuntura de poder desalmado que, nada obstante, torna mais desventurado aquele que pensa estar desforçando-se, porque a sua sede de vindita é insaciável e nada consegue diminuí-lo de intensidade.

Normalmente, esse atormentado vingador anela pelo desencadear de múltiplas dores e angústias ou de tormentosas mortes que pareceriam aliviar as suas agruras sofridas, infligindo-as ao agente do seu padecimento.

Quando se promove a vingança que o ódio engendra, aquele que lhe padece a injunção deseja a destruição do outro, matando-se também, o que é profundamente desolador e irracional.

Toda onda de inimizade que se direciona contra outrem, responde pelos transtornos que lhe dão origem.

O ser humano encontra-se programado para o amor e para a plenitude.

As dificuldades enfrentadas devem constituir-lhe estímulo para o avanço, com a natural administração das ocorrências infelizes que se lhe devem transformar em experiências de sabedoria.

A destruição do inimigo a quem se odeia, não traz de volta a paz que ele roubou, quando investiu contra o seu irmão.

Constituem exemplos de dignidade e de elevação espiritual as vítimas que não se alegram com as desgraças dos seus algozes, ou que, contribuindo com a justiça, não têm como meta torná-los infelizes, objetivando somente recuperá-los sob as determinações e impositivos das leis que regem a sociedade.

❋

Quando algum mal te aconteça, pensa de maneira lúcida e tenta descobrir o benefício que podes auferir com a sua superação.

Evita permanecer ruminando o ato inglório, a fim de que se não te fixe, mantendo-te livre da sua mórbida contaminação.

Aquele que, de alguma forma, te gerou embaraço e aflição, é um infeliz, embora no momento não se dê conta, permanecendo na situação de réprobo perturbador.

Ninguém se evade da própria consciência, que aguarda ocasião especial para manifestar-se com a severidade que lhe é peculiar, porque nela se encontra ínsita *a Lei de Deus*, que a tudo comanda.

O cão raivoso, por exemplo, que desejas matar, quando ameaçador, passados os anos, debilitado pelas doenças e pela idade, é inofensivo, inspirando compaixão e não mais temor.

De igual maneira são as criaturas humanas. Esse arrivista perverso e agressivo, soberbo e prepotente, também envelhece e decompõe-se. O tempo toma-lhe a vitalidade da valentia, deixando-o inerme e dependente.

Considera a debilidade dos idosos, suas necessidades inumeráveis e transtornos afligentes, e recorda-te de que, possivelmente, alguns deles foram violentos, perversos, alegrando-se com o mal que faziam aos demais.

Odiar esse infeliz de hoje é investir na própria degradação.

A vida é severa para com todos os indivíduos, especialmente para com os seus dilapidadores.

Assim, procura eliminar todos os lances e ocorrências infelizes que te envenenaram o ser e se te impõem como espículos cravados nas *carnes da alma*.

Tudo quanto ocorre tem uma razão de ser, e somente acontece contigo aquilo que se encontra no desenho reencarnacionista da tua evolução.

Isso não significa que o mal se manifeste e domine nos arraiais dos relacionamentos humanos. Tratando-se, porém, de enfermidade moral de longo curso, o tempo e a luz do Divino Amor se encarregam de curá-la.

Evita, portanto, cultivar o ódio ou qualquer um dos disfarces com que se apresente, tais como: animosidade, preconceito, repulsa, prevenção, ira...

Aprende a exercitar a compreensão em torno do estágio inferior no qual o teu agressor se encontra e supera a situação perigosa.

De maneira alguma sintonizes na mesma onda de malquerença com aquele que te prejudica, mantendo-te em atitude equilibrada, porque o mal que te façam, realmente não te fará mal, se não permitires que te afete. Poderão, talvez, criar-te embaraços, dificultando a tua existência, gerando incompreensões em torno da tua conduta, produzindo complexas situações de dor e de angústia, tudo, porém, dentro do esquema do teu processo evolutivo.

Nenhum mal consegue infelicitar aquele que se entrega a Deus e confia na Sua justiça, especialmente o que se deriva do ódio, filho também da inveja e do despeito.

Vive-se, na Terra, um momento muito especial de conquistas e de misérias defluentes do seu estágio de transição.

Embora as ciências e a tecnologia hajam proporcionado benefícios incontáveis, o amor ainda não se pôde instalar nas paisagens humanas, o que é lamentável, mas que acontecerá oportunamente.

O ser humano será resgatado pelo amor. Em face disso, o ódio cederá lugar ao perdão e à compaixão, ampliando os horizontes da fraternidade entre todos os seres.

❦

Após a libertação do campo de concentração e extermínio em Auschwitz, um ex-prisioneiro foi interrogado a respeito do ódio que deveria votar aos nazistas.

Para surpresa do questionador, ele explicou o sofrimento sentido ao ver serem assassinados sua mulher e filhos, milhares de pessoas inofensivas com perversidade selvagem e invulgar indiferença pela vida, descobrindo que possuía duas alternativas: odiar e morrer fulminado pelo veneno letal ou perdoar para sobreviver e ser útil à Humanidade, a fim de que aquele holocausto jamais voltasse a acontecer, como a sua maneira de homenagear as suas vítimas.

Outro que sofrera humilhações contínuas e punições sádicas, sendo mutilado com crueldade, asseverou que se manteve *em paz, para não permitir que a hediondez dos algozes o tornasse igual a eles...*

A morte de um inimigo a quem se odeia não eliminará a possibilidade do surgimento de outros...

Somente o amor que proporciona paz interior pode diluir a face hedionda do ódio e apresentar o ser infeliz nela oculto, dando origem à sua felicidade.

25

As bênçãos do altruísmo

A palavra altruísmo foi cunhada no ano de 1830 pelo filósofo francês Augusto Comte, criador do Positivismo, assim como da Sociologia, para significar comportamento oposto ao egoísmo.

Denominando a sua doutrina como a *religião da humanidade*, com excelentes fundamentos no amor e na ordem, a proposta do altruísmo é de significado relevante para o homem e a mulher de todos os tempos, especialmente da atualidade.

Sendo o egoísmo a terrível chaga moral que consome a sociedade, o altruísmo se lhe opõe, tornando-se nobre sentimento de solidariedade, de compaixão, de socorro...

À medida que o ser humano evolui intelectualmente, nem sempre desenvolve os valores éticos enobrecidos, dando largas ao egoísmo a que se atrela como herança enfermiça do processo de crescimento que ainda não logrou superar.

Não é de estranhar que se conflitem as altas conquistas do pensamento e da tecnologia com os sentimentos agressivos e egotistas.

Como consequência, a predominância das paixões inferiores comanda as paisagens íntimas do ser, impelindo-o à agressividade e ao crime.

A falta de educação moral das tendências perversas mantém a sociedade em situação deplorável sob o ponto de vista moral.

O altruísmo é o recurso de alta monta a ser utilizado, a fim de despertar as emoções do amor e do perdão, da misericórdia e da caridade.

Necessário, no entanto, reflexionar-se em torno do comportamento altruísta, a fim de que não mascare o exibicionismo ou a presunção que caracterizam muitos indivíduos ainda não habilitados para a honorável prática.

Em face da hipocrisia de que se revestem inúmeros comportamentos sociais, a dissimulação e o engodo fazem parte do dia a dia de muitas criaturas humanas, que aprendem a comportar-se de maneira altruística, encobrindo os interesses mesquinhos de que são portadoras. Apresentam-se como humanitárias, idealistas, fáceis na maneira de expressar sentimentos, portadoras de ideais de enobrecimento aparente, tendo como objetivo a autopromoção, as compensações próximas ou remotas que disso resultem.

Há aqueles que, ao ajudar alguém, estão atendendo a necessidades pessoais de libertar-se do sofrimento que a dor alheia lhe impõe...

Certamente, embora o propósito de alguma forma tenha raízes no egoísmo, o seu exercício terminará por produzir ímpar satisfação interior, que estimulará a outros cometimentos, a outros contributos.

Ampliando-se a solidariedade através do altruísmo, altera-se o aspecto espiritual da comunidade, facultando o intercâmbio dos sentimentos elevados que liberam dos conflitos e das situações afligentes da solidão...

O altruísmo sabe enxergar as necessidades alheias com grande acuidade, atendendo-as com mãos veludosas e voz dúlcida que não constrangem nem humilham o beneficiado.

Semelhante à luz que dilui as sombras, também penetra os escaninhos da alma e transforma o mundo interior do outro, no qual passa a habitar.

Na competição desastrosa dos interesses mesquinhos ditados pelo egoísmo prepotente, surgem os famigerados líderes da violência e da arbitrariedade, que pensam exclusivamente nas próprias necessidades, dando surgimento aos vergonhosos dramas individuais e coletivos que ateiam o incêndio do ódio e da destruição em toda parte.

O altruísmo é o medicamento para alucinação que os toma, alterando-lhes a conduta e dulcificando-lhes os sentimentos de prepotência, de arrogância e de poder, contribuindo para a sua normalidade, para a conquista da simplicidade e do bem.

❋

Afirmam alguns pessimistas que o altruísmo vige especialmente e apenas entre os grupos afins, as pessoas da mesma cultura e portadoras de idênticos ideais...

Não têm razão esses que assim se expressam. A mais formidanda demonstração de altruísmo encontramos na *Parábola do Bom Samaritano,* quando esse altera o seu roteiro para ajudar aquele que lhe era inamistoso, que pertencia a outro clã, que professava credo diferente e que, talvez, não lhe fizesse o mesmo, caso a situação fosse outra...

O seu sentimento altruístico alcança, nesse comportamento, nível tão elevado que não lhe basta atender o agredido na estrada, naquele momento, mas também responsabilizar-se pelos gastos que ocorrerão posteriormente...

Não é rara a ocorrência do altruísmo, sendo mais comum do que se divulga, exatamente em razão do seu conteúdo filosófico e ético, que expressa *fazer com uma das mãos sem que a outra tome conhecimento.*

Narra-se que um monge tibetano do século XIX de nome Dola Jigme Kalsang, caminhando por diversas províncias da China, ao chegar a uma delas percebeu uma aglomeração exaltada na praça principal, atraindo-lhe a atenção.

O sábio acercou-se e veio a saber que se tratava de um homem acusado de roubo que chorava protestando inocência, e que fora condenado pelo mandarim a morrer de forma cruel.

Tocado nas fibras mais íntimas, Kalsang aproximou-se do governante que comandava a pena hedionda, e, para o seu espanto, assim como o da multidão, declarou: – *O ladrão sou eu.*

O mandatário perguntou-lhe se estava disposto a sofrer a punição que era sentar-se em um cavalo de ferro que fora aquecido até transformar-se em uma temperatura insuportável, ao que ele respondeu afirmativamente.

De imediato, o outro foi liberado e ele foi posto sobre o ferro em brasa, sucumbindo em poucos minutos no terrível suplício.

Verdadeiro sentimento esse de altruísmo, quando ele poderia continuar tranquilamente o seu caminho, pois que não conhecia o acusado, que nem sequer teve ocasião de agradecer-lhe o gesto de salvar-lhe a vida, tal o espanto que o acometeu.

O altruísmo não aguarda reconhecimento, não espera aplauso ou louvação.

É bênção do amor sublime de Deus que se embosca no coração e se irradia em forma de compaixão.

❈

No altruísmo, a caridade esplende soberana e discreta, desvelando a presença de Deus no coração.

Gestos de altruísmo podem ser cultivados e desenvolvidos, partindo-se das pequenas experiências da tolerância, da bondade, da renúncia a algumas necessidades para beneficiar outrem, que passa a receber fraternal compreensão e ajuda oportuna.

A visita a enfermos e a pessoas solitárias constitui um passo simples e importante na prática do altruísmo.

Alterar o ritmo das atividades, reservando algum tempo com o fim de ajudar alguém que se encontre em necessidade, oferecer caminhos libertadores àqueles que se encontram perdidos nas encruzilhadas dos conflitos, distender a mão amiga a fim de erguer combalidos e tombados que não tiveram resistência para o avanço, permutar o fruir de alegrias pela satisfação de confortar quem se encontra em desespero pela morte de um ser querido, constituem experiências iluminativas que trabalham em favor do altruísmo.

Doando a Sua vida, para que todos tivéssemos *vida em abundância*, Jesus ofereceu-nos o mais sublime gesto de altruísmo de que a Humanidade tem notícia.

Inicia as tuas tentativas altruísticas, treinando amor e preparando-te para as expressivas contribuições em favor do mundo no qual te encontras.

26

Sempre o equilíbrio

O equilíbrio é a postura ideal em todas as circunstâncias e situações da vida.

As lutas e tribulações da existência terrestre quase sempre induzem ao desencanto e à amargura. Isto porque, o ser humano sempre aguarda resultados opimos de todas as tentativas de realização, desinformado quanto às finalidades da existência terrestre.

As utopias e as ilusões convidam-no ao otimismo exagerado, sem as reflexões em torno dos valores reais que devem ser buscados em todos os empreendimentos.

Numa como noutra situação existe uma defasagem em relação à realidade, caracterizando desequilíbrio e imaturidade do indivíduo.

Quando a reflexão faz parte do hábito existencial, as medidas do equilíbrio se expressam confortadoras, orientando na conquista dos objetivos superiores e da harmonia íntima que deve viger em todos os momentos, por mais desafiadores se apresentem.

Por outro lado, a insensatez que predomina no comportamento humano se encarrega de conduzir a pessoa à busca da felicidade louçã, feita de sonhos e engodos, que passam deixando o vazio existencial em prevalência.

Em algumas circunstâncias, emula ao entusiasmo excessivo, que termina em frustração e amargura.

O ser humano, porém, encontra-se programado para alcançar o paraíso, que nele reside em germe, aguardando o desenvolvimento que as experiências da vida se encarregam de liberar.

Filosofias imediatistas, trabalhadas na futilidade, no entanto, fascinam-no e conduzem-no pelo caudaloso rio das distrações materiais, sem lhe produzirem a harmonia indispensável para o autoencontro.

Em face dessa opção equivocada, argamassa-se a expectativa de felicidade apenas no comportamento sensorial de efêmera duração.

A conscientização da realidade é desafio que somente poucos interessados em aprofundar os objetivos existenciais conseguem identificar, entregando-se-lhes com alegria.

Crê-se, indevidamente, que são incompatíveis os objetivos do progresso material em relação àqueles de natureza transcendental.

Sem dúvida, os compromissos terrenos, aqueles que fomentaram o progresso da sociedade, também fazem parte integrante das altas responsabilidades morais do Espírito imortal.

Desse modo, é necessário refletir em torno da conduta, não se entregando de forma afanosa e exagerada ao labor material, como se fosse o único dever a cumprir, tampouco abandonando tudo, com desprezo pelas tarefas sociais e humanas, a fim de cuidar da Vida espiritual.

O equilíbrio consiste no trânsito pelo *caminho do meio*, mediante o discernimento que promove a vida material, ao tempo que ilumina a consciência com o combustível do amor e da ação dignificante.

As experiências vividas no corpo físico são de vital importância para o desenvolvimento do Espírito que alarga os horizontes do conhecimento e do sentimento, lentamente penetrando nos arcanos da vida.

Vagarosa, porém, seguramente, a marcha de quem pretende alcançar as alturas espirituais é feita de pequenas realizações no círculo humano onde se encontra.

O céu ambicionado e que parece distante, encontra-se ao alcance do primeiro passo, onde têm lugar as suas fronteiras.

❊

A conquista real da felicidade somente se torna factível quando se compreende o de que se constitui.

Os fogos-fátuos do prazer, apresentados pelo materialismo e pelas doutrinas religiosas de ocasião, diluem-se, à medida que a realidade se apresenta.

O vir a ser, a que todos aspiram, deve constituir-se pelos conceitos da beleza, da harmonia e da autorrealização que se firmam nos ideais enriquecedores.

Todos anelam pela conquista do paraíso. Nada obstante, poucos se entregam ao afã de encontrá-lo, derrapando nos abismos infernais do desequilíbrio.

Há aqueles que assim procedem, por elegerem os caminhos da obstinação perversa, da conduta irrefletida, das ambições desmedidas. E outros existem que, embora se encontrem nos roteiros do bem, utilizam-se negativamente das suas diretrizes para autopromover-se, afligindo e ignorando os demais carentes que encontram pelo caminho...

Desse modo, seguem aos infernos trilhando os roteiros do céu, isto é, da bondade, da fé, da solidariedade que não sabem ou não desejam vivenciar.

Comprometidos com o mal desde antes, conhecem a maneira de triunfar, porém demoram-se estacionados nos ancoradouros do vício em que se comprazem, da comodidade que os agrada...

Quando se acende uma luz, na razão direta que a claridade se esparze, os objetos que estão em frente produzem sombra. É valiosa por fora, sem dúvida. Todavia, quando alguém se autoilumina, à semelhança de uma lâmpada gloriosa, faz-se todo claridade.

O esforço empregado para emboscar no coração a luz da verdade, é o compromisso de todo ser inteligente durante a vilegiatura carnal.

Cada passo dado adiante faculta a conquista de mais alto patamar de ascensão, superando as aspirações mantidas e desenhando novos anelos que promovem para cima.

Nunca te detenhas, portanto, no já conseguido, tendo em vista que não existem limites para quem se entrega à luta evolutiva.

Vestindo a indumentária da humildade e revestindo-te com a couraça da fé em Deus, todos os teus esforços se coroarão de bênçãos e as tuas pegadas ficarão na retaguarda como setas de luz apontando o rumo seguro para aqueles que virão depois.

A tua é a missão de construir a Terra melhor e mais feliz, iniciando o labor em teu mundo íntimo e ampliando-o além das fronteiras que te limitam.

Nesse empreendimento encontrarás as dificuldades colocadas pelos anões morais que te buscarão cercear o passo, que lutarão por desanimar-te ou que te tentarão envolver nas suas malhas da bajulação do encantamento, caso não te consigam derrubar.

Mantém o equilíbrio em todas as situações em que te depares.

Para e reflexiona, a fim de avançares com segurança.

Nunca desistas dos ideais que engrandecem a vida e dignificam a existência.

Todo empreendimento que objetiva a transformação moral do indivíduo e da comunidade enfrenta dificuldades e lutas.

Permanece confiante no teu esforço e no auxílio que receberás de Deus através dos Seus mensageiros, se te voltares para Ele.

Assim, nunca percas o equilíbrio quando te encontres no meio da batalha.

✺

Rei Solar, Jesus desceu ao vale sombrio do planeta, mergulhando nas densas vibrações, de modo a libertar por definitivo todos aqueles que ainda se encontravam aprisionados na ignorância e na selvageria.

O Seu equilíbrio, durante a transfiguração gloriosa em que foi homenageado por Moisés e Elias, permaneceu inalterado, com os mesmos significados quando na cruz de infâmia e de punição indevida...

Esse é o equilíbrio máximo: na elevação do amor sublime e no momento de adentrar-se na esplêndida e permanente madrugada luminosa da imortalidade através da ressurreição.

27

A OUTRA FACE

Considerando-se o estágio moral em que transitam incontáveis criaturas humanas pelos caminho do planeta terrestre, ainda vivenciando os instintos agressivos, é compreensível que os relacionamentos nem sempre se realizem de maneira pacífica.

Predominando a *natureza animal* em detrimento da *espiritual,* o orgulho se arma de mecanismos de defesa resultantes da prepotência e da argúcia, para reagir ante os acontecimentos ameaçadores ou que sejam interpretados como tais...

A ação decorrente do raciocínio e da lógica cede lugar aos impulsos agressivos e estabelecem-se os conflitos quando deveriam vicejar entendimentos e compreensão.

Em razão da fase mais primitiva que racional, qualquer ocorrência desagradável assume proporções inadequadas, que não se justificam, porque os recursos morais da bondade sucumbem ante a cólera que se instala e leva à alucinação.

De certa maneira, remanescendo os comportamentos arbitrários de existências pregressas que não foram domados, facilmente a ira rompe o envoltório delicado da gentileza e acontecem os lamentáveis atritos que devem e podem ser evitados.

A educação equivocada, que estimula o forte à governança, ao destaque, contribui para que a mansidão e a humildade sejam deixadas à margem, catalogadas como fraqueza do caráter e debilidade moral.

O território no qual cada indivíduo se movimenta, após se apropriar, é defendido com violência, como se a posse tivesse duração infinita, o que se constitui em lamentável equívoco.

Essa debilidade do sentimento se manifesta na conduta convencional do ser humano que opta por ser temido, quando a finalidade da sua existência é tornar-se amado.

Multiplicam-se, indefinidamente, as pugnas, que passam de uma para outra existência até que as Soberanas Leis imponham a submissão e o reequilíbrio através de expiações afligentes.

A Lei é de Progresso e, por consequência, a todos cabe o esforço de libertação das heranças enfermiças, dos hábitos primitivos, experienciando conquistas íntimas que se irão acumulando na estrutura emocional que se apresentará em forma de paz e de concórdia.

O conhecimento espírita, porque iluminativo, é o mais eficiente para a edificação moral, defluente da conscientização de que o avanço é inevitável e a repetição das atitudes infelizes constitui estagnação e fracasso...

As dificuldades, portanto, as diferenças de opinião, os insultos e agravamentos devem ser considerados como experimentos, como testes ao aprimoramento espiritual, ao aprendizado das novas condutas exaradas no Evangelho de Jesus.

Quando isso não ocorre, fica-se sujeito à influência maléfica dos Espíritos inferiores que se comprazem em gerar situações embaraçosas, responsáveis por essas condutas lamentáveis.

Indispensável vigiar-se as *nascentes do coração*, a fim de dominar-se a ira, essa *fagulha elétrica* responsável por incêndios emocionais de resultados danosos.

Considere-se, ademais, a ocorrência de uma parada cardíaca, de um acidente vascular cerebral de consequências irreversíveis, não programados, mas que sucedem quase sempre por falta de controle emocional, provocados pela raiva...

❖

Aprende a dominar os impulsos da ira, porque a existência terrestre não é uma viagem deliciosa ao país róseo da alegria sem-fim...

Esforça-te por compreender o outro lado, a forma como os outros encaram as mesmas ocorrências...

Luta por vencer a arrogância, porque todos os Espíritos que anelam pela paz e pela vitória das paixões têm, como primeiro desafio, a superação dos sentimentos inferiores, aqueles que devem ser substituídos pelos de natureza dignificante.

Se alguém te aflige, é porque se encontra necessitado de ajuda e não de combate, é a sua forma de chamar a atenção para a sua solidão e angústia.

Fogo com fogo aumenta o incêndio devorador.

Treina colocar no braseiro a água da paz e se apagarão as labaredas ameaçadoras.

Não foi por outra razão que Jesus propôs: – *Não resistais ao homem mau, mas a qualquer que vos bater na face direita, oferecei-lhe também a outra,* conforme anotou Mateus, no capítulo 5, versículo 39 do seu Evangelho.

Esbordoado, no Pretório, Ele exemplificou o ensinamento verbal, não reagindo às agressões, quando os soldados, *tecendo uma coroa de espinhos, puseram-Lhe sobre a cabeça...* mantendo-se em silêncio...

Oferecer a outra face é mais do que expor o lado contrário, a fim de sofrer nova investida da perversidade.

Trata-se da face moral, nobre, que se encontra oculta, aquela rica de sentimentos elevados que distingue uma de outra criatura.

Ninguém é o que apresenta exteriormente. Tanto existem conteúdos cruéis ocultos pela educação, pela dissimulação e hipocrisia, como sentimentos relevantes e bons.

Ao seres alcançado por qualquer ocorrência desagradável que te golpeie a emoção, ferindo a delicadeza das tuas reservas íntimas, ao invés de reagires, desvela a outra face, a do amor, da compaixão, da misericórdia, agindo com serenidade.

A outra face é o anjo adormecido nas paisagens luminescentes do teu mundo interior.

Ali possuis tesouros de amizade e de ternura que desconheces.

Com essa, a brutal, a reagente, a defensiva, já estás identificado, devendo encontrar-te cansado de vivenciá-la.

Imerge, desse modo, no rio de águas silenciosas do teu mundo íntimo e refresca-te com o seu contributo. Logo depois, deixa que os tesouros do Amor do Pai que se encontram adormecidos fluam suavemente e se incorporem aos conteúdos habituais, substituindo-os ao longo do tempo e predominando por fim.

À medida que tal aconteça, renascerás dos escombros como a Fênix da mitologia, que se renovava e renascia das cinzas que a consumiam...

O bem é a meta que todos devemos alcançar.

Não te permitas, portanto, perturbar pelas emoções doentias e viciosas que te consomem, destruindo as tuas mais caras realizações espirituais.

És responsável pelos teus atos, qual semeador que avança, seara dentro, atirando os grãos que irão germinar com o tempo.

Certamente muitos se perderão, outros, no entanto, produzirão multiplicadamente, ensejando colheita superior ao volume ensementado.

Necessário cuidar do tipo das sementes que serão distribuídas pelas tuas mãos.

Semeia bondade e colherás alegria de viver, nunca revidando mal por mal.

✺

Uma faísca, um raio que atinja um depósito de combustível, e logo se apresentará a destruição.

Controla-os, na corrente das tuas reflexões, gerando a disciplina da contenção da sua carga poderosa de energia, canalizando-a para os labores enobrecidos que te exornam a luta, as conquistas já logradas que te honorificam.

A outra face encontra-se coberta por camadas de experiências desastrosas.

Retira esse lixo mental e permite que se apresente irisada de sol espiritual a outra face, para que o amor real seja a marca do teu comportamento em qualquer circunstância ou ocorrência difícil.

28

Estresse e doenças

Nunca será demasiado repetir-se que a problemática de qualquer natureza, na área da saúde, é sempre defluente das estruturas morais de cada ser humano, em relação às suas experiências evolutivas logradas ao longo das sucessivas reencarnações.

Sem dúvida, a hereditariedade, a contaminação pelos agentes destrutivos, os transtornos de conduta desempenham papel relevante na temática. Mesmo esses, porém, ressumam dos arcanos do ser imortal, que os acumula em formas de conflito, de tormentos interiores, de culpa, geradores das doenças que lhes correspondem às ações danosas anteriormente praticadas.

O ser humano, conforme os estudos complexos da psicanálise, experimenta o seu primeiro trauma após a libertação do claustro materno, quando se iniciam os enfrentamentos existenciais. Antes, tudo era segurança, automatismo, desenvolvimento espontâneo, passando, depois, a constituir desafio para a sua aquisição, desde o ato da amamentação até os demais que são basilares para o prosseguimento da vida.

Logo depois, à medida que a criança se vai libertando da mãe, a *angústia de separação* produz-lhe sofrimento, enquanto os instintos em predominância passam a experimentar impedimento de expansão, em face das leis e estatutos morais que regem as sociedades e que vão sendo recalcados no inconsciente, a fim de poder-se viver em harmonia, no grupo onde cada um se encontra.

Os instintos de autodefesa, de sobrevivência, sendo controlados pela educação, não raro, dão lugar à insegurança, à desconfiança nos relacionamentos, porque constituídos de força, na qual o ser deposita as suas reservas de coragem para os enfrentamentos.

As faculdades psíquicas em desenvolvimento, assim como as emocionais, a fim de manterem o equilíbrio com as funções orgânicas devem trabalhar em harmonia, de modo que a homeóstase se dê naturalmente, sem ocorrência de conflito nas suas respectivas áreas, o que produz saúde.

Nada obstante, os impulsos violentos que trabalham pela preservação da espécie, as ambições pelo prazer e pelo poder, produzem estados de alerta contínuo na psique, pela provável ocorrência de reais ou imaginárias ameaças que poderiam produzir-lhe destruição e morte.

Nessa situação de expectativa, o organismo enriquece o sangue com as catecolaminas, sendo as mais comuns a adrenalina e a noradrenalina, para os impulsos de avanço, de reação normal de defesa, para, logo depois, produzir descargas de cortisol, que relaxam e produzem a ação do medo, do recuo...

Fosse tal ocorrência um fenômeno de rara frequência, e não haveria maiores prejuízos para os organismos físico e emocional. A constância, no entanto, através da repetição tormentosa, torna-se devastadora para o ser, que passa a experimentar taquicardias, problemas estomacais, intestinais, arteriais...

Em assim ocorrendo, as enfermidades instalam-se com facilidade.

Os débitos morais que enfraquecem as resistências espirituais, nessa situação, abrem campo vibratório para a desorganização celular e as contaminações destrutivas.

A mente, por sua vez, desequipada de recursos espirituais saudáveis, contribui com eficiência para a complicação do quadro iniciante, na razão direta em que o fenômeno mórbido se agrava.

Fossem cultivados os sentimentos nobres e ampliada a área das reflexões tranquilizadoras, aquelas que se expressam pelo amor, e os antídotos vibratórios gerados pelo Espírito combateriam os agentes enfermiços, reorganizando os equipamentos danificados.

As emoções básicas do ser humano são três: o amor, a ira e o medo. Delas se derivam todas as outras: a ternura, a tristeza, a excitação sexual, a abnegação, a caridade, a renúncia, a raiva, o ódio, o ressentimento, a vingança, a revolta, a ansiedade, o temor, o pavor, a angústia...

Inevitavelmente, a cada uma dessas emoções corresponde um efeito corporal, que ocorre sem a vontade consciente do indivíduo, porque através do sistema nervoso autônomo.

Nesse sentido, qualquer ocorrência enfermiça traz sempre embutida uma mensagem do organismo, chamando a atenção para algo em desacordo com a sua constituição.

No ano de 1936, o endocrinologista vienense Hans Selye utilizou-se da palavra estresse para aplicá-la na linguagem médica, significando desgaste emocional, desequilíbrio psicológico, cansaço, como efeito de grandes tensões. Não somente daquelas que se originam nos problemas, como também das que proporcionam alegria.

Utilizada, até então, na Física, mais ou menos com o mesmo sentido, quando um objeto se deforma estando submetido a grande tensão, a palavra estresse passou a ser usada com frequência para definir os estados limites entre o suportar e o explodir emocionalmente.

Os estudos em torno da sua presença no indivíduo contribuíram para melhor entendimento dos fenômenos psicológicos nas enfermidades fisiológicas ou vice-versa.

Constatando-se que o estresse também afeta os animais, descortinaram-se, desde então, horizontes novos para as terapias da bondade, da harmonia interior, da tranquilidade, do amor, da benevolência e da caridade.

Psicoterapias habilmente trabalhadas para diminuir os danos do estresse passaram a ser propostas, desde aquelas de caráter orgânico – ginástica, natação, caminhadas, desportos em geral – como as de natureza emocional – leituras agradáveis, meditação, ioga, oração –, ao lado das aplicações saudáveis da bioenergia.

Constata-se, como efeito, que a mente é fonte inexaurível de recursos que, aplicados corretamente, facultam a saúde, o bem-estar, a paz, a alegria de viver, de igual maneira, produzindo enfermidades quando se comporta de maneira agressiva, pessimista, inquieta...

As ondas mentais que da *psique* se exteriorizam, vitalizam todo o organismo, qual corrente elétrica encarregada de manter a mesma potência, sustentando os trilhões de células dentro das finalidades para as quais foram criadas. Qualquer alteração de energia, para mais ou para menos, logo se apresentam os efeitos correspondentes nos aglomerados orgânicos.

Numa cultura de ansiedade, em decorrência do "tempo sem tempo" a que a maioria das criaturas se atira, buscando aproveitar o máximo, sem cuidar do refazimento interior, da recomposição das forças mediante a alegria e a renovação dos estímulos pelo idealismo, é inevitável que o estresse desempenhe papel de relevante importância na conduta humana.

Os relacionamentos sociais e afetivos, como efeito, tornam-se rápidos e superficiais, com desinteresse de uma pela outra pessoa, porque cada qual está centrada no *ego*, no não ter problemas, no desfrutar do prazer ao máximo, sem que ninguém a incomode.

É inevitável, portanto, que ocorram a exaustão, o estresse, logo depois a doença. O fato é que, em razão das inestimáveis conquistas das ciências médicas e da tecnologia na área da saúde, à medida que desaparecem determinadas doenças, outras surgem tomando-lhes os lugares, produzindo aflição e insegurança.

É que a raiz da ocorrência encontra-se no próprio indivíduo, que se não resolveu ainda pela mudança de comportamento moral e espiritual.

❈

Programa-te para a saúde em todos os teus momentos existenciais.

Renova-te com frequência, libertando-te dos pensamentos morbosos e enriquecendo-te de alegria e de trabalho edificante.

Não transfiras os teus conflitos para os outros, sempre justificando as tuas mazelas e apontando-as nos demais.

Conforme te vejas e te conduzas, assim viverás.

O Evangelho de Jesus, por isso mesmo, é o mais adequado tratado de psicoterapia para a conquista da saúde total que se encontra ao teu alcance.

Sai, por definitivo, da furna em que te refugias e ruma na direção do sol da felicidade que te aguarda com saúde e em paz.

29

Benefícios advindos do sofrimento

Sem nenhuma apologia ao sofrimento, é incontestável o benefício de que ele se reveste no processo da evolução da criatura humana.

Herdando os hábitos ancestrais, normalmente aqueles que defluem da preservação da existência física, é natural que haja predominância em a sua natureza, aqueles instintos agressivos, responsáveis pela sobrevivência da espécie, que constituem o *ego* dominador e tenaz.

Esse *ego* é responsável pela presunção e prepotência que se manifestam no caráter moral como mecanismos agressivos, em detrimento dos sentimentos de compreensão e de solidariedade, que deveriam viger no seu íntimo.

Certamente surgem com o despertar da consciência, quando o Espírito começa a identificar os valores éticos indispensáveis a uma existência feliz, assinalada pela compreensão dos seus direitos, mas também dos seus valiosos deveres para consigo, para com o próximo, para com a sociedade e para com Deus.

Essa conscientização opera-se mediante a sua transformação moral para melhor, a sua necessidade da comunhão dos ideais com o próximo, a sua busca da convivência fraternal, em cujo comportamento são transformados os impulsos de dominação e de morte, nos de solidariedade e de vida.

Nada obstante a compreensão de que a evolução intelecto-moral é processo que resulta do incomparável amor de Deus, remanescem no cerne do ser os mecanismos defensivos e agressivos, mantendo-o, não poucas vezes, arrogante e celerado, que se compraz em afligir e malsinar os demais, preservando o comportamento primário do qual procede.

Em face do inevitável processo da reencarnação, as experiências iluminativas apresentam-se diversificadas, proporcionando ajustamentos e recomposições que facultam o crescimento interior. Nesse capítulo, tem lugar a presença do sofrimento, como resultado dos atos praticados anteriormente e que deixaram marcas infelizes pelo caminho percorrido.

É a dor que dobra a cerviz dos soberbos, demonstrando-lhes a fragilidade na qual operam, e que a força de que se parecem constituir, nada mais é do que capricho do egotismo que os elege como centro da vida, portanto, credores exclusivos de tudo em detrimento dos demais.

Nessa conceituação primária, ocultam-se muitos conflitos que não foram solucionados e pressionam o homem na direção da conduta presunçosa, em razão dos medos inconscientes que lhe remanescem, ora mascarados de poder e de querer.

Insinuando-se de maneira sutil, a angústia e a melancolia, a solidão e a ansiedade se lhe instalam, fragilizando-o e empurrando-o para comportamentos patológicos, quando ainda não é possuidor de sentimentos relevantes, tornando-se mais perverso e insensato...

É nesse momento que as enfermidades orgânicas ou psíquicas se instalam produzindo os sofrimentos que supunha nunca teria que experimentar, demonstrando que é constituído da mesma argamassa daqueles aos quais vilipendia e maltrata.

Desacostumado ao flagício da aflição, porque escondido nos gozos aparentes e ilusórios, cerca-se de cuidados extravagantes e superlativos, sem que tenha diminuídos os gravames como qualquer outra pessoa a quem jamais considerou.

É inexorável a presença do sofrimento na criatura terrestre, em face dos fenômenos orgânicos de que se utiliza o Espírito no trânsito material.

Susceptível à degenerescência e à diluição, a aparência forte e bela, harmônica e invejável cede lugar à deformidade e às conjunturas deformantes, mantendo encarcerado o responsável pela sua ocorrência – o Espírito endividado!

❋

Reflexiona em torno das existências perversas de ditadores e chefes cruéis que desfilam na História, e vê-los-ás, caso não tenham sido apeados do poder temporal pelos seus coetâneos, vivendo enfermidades prolongadas e deploráveis, anulando-lhes toda a prepotência e fereza.

Antes temidos e detestados, nessa fase inspiram compaixão e misericórdia, quando deploram os dias do passado que transformaram em cruz terrível para os outros, não fugindo, eles próprios, aos efeitos danosos da sanha doentia em que se comprazinham.

Indivíduos que, um dia, foram símbolos da beleza e do sexo, bajulados por verdadeiras multidões, atravessando períodos sombrios de sofrimentos silenciosos, fugindo para a drogadição e o vício, a fim de não enfrentarem as inesperadas situações que sobre eles se abateram.

Mulheres e homens milionários, que jamais se detiveram a pensar que eram humanos sujeitos às mesmas condições dos pobres e dos miseráveis, que nem sequer contemplaram durante a saga dos seus triunfos de mentira, reduzidos ao abandono, esquecidos e desconsiderados pelos antigos fanáticos que os seguiam em delírio, afundando no poço de depressões terríveis ou evadindo-se do corpo através do nefando suicídio...

Artistas e executivos famosos que desfilavam nos veículos da fama e da glória, inesperadamente reduzidos à condição de párias pelas quedas nas bolsas e pelos problemas das crises financeiras que, periodicamente, demonstram a debilidade das construções econômicas do mundo, padecendo insuportáveis situações de desespero e revolta que os consomem.

Tudo, na Terra, é transitório, impermanente, abençoado curso para a aprendizagem e descoberta dos tesouros existenciais.

Sem o sofrimento se prolongariam as situações invejáveis de uns, enquanto outros chorariam; as terríveis jactâncias de muitos com olvido pelo trabalho daqueles que os sustentam vivendo em situações penosas... A todos o sofrimento alcança e reduz-lhes a vaidosa conduta, despertando-os para a realidade do ser que são, e não da situação em que se encontram.

Martelando incessantemente a sensibilidade obnubilada, o sofrimento exerce a função de buril que trabalha o envoltório grosseiro, a fim de fazer brilhar a gema preciosa que se lhe encontra oculta no cerne, facultando-lhe a luminosidade para qual está destinada.

Bendito, pois, o sofrimento que a todos alcança e iguala, à semelhança do túmulo que devora a roupagem material e a todos reduz à condição inicial da Humanidade.

Sem a presença do sofrimento a existência humana perderia o seu significado e padeceria de atrofia dos ideais de engrandecimento, reinando o tédio e o desinteresse nos poderosos, enquanto a revolta de demorado curso consumiria os miseráveis nos seus catres e situações lamentáveis.

O sofrimento, silencioso ou não, realiza o mister de contribuir para a felicidade do ser humano, facultando-lhe entender a sua pequenez perante a vida e a imperiosa urgência de alcançar o patamar do equilíbrio.

Função purificadora exerce a dor no Espírito, apresentando-lhe outros níveis de harmonia e de bênçãos que os êxitos terrestres não conseguem igualar, nunca os ultrapassando.

❦

Quando sejas visitado por qualquer tipo de sofrimento, procura descobrir qual a mensagem que te traz, qual a razão de que se reveste, autoanalisando-te e dispondo-te à sua aceitação.

Ele não te é imposto pelas leis, mas resulta do teu desrespeito a elas, que agora te convocam ao refazimento da conduta que necessita de correção.

Permanece fiel ao compromisso de crescer no rumo de Deus, transformando os sofrimentos que são indispensáveis à tua iluminação em degrau de ascensão e campo de libertação interior, em júbilo e em paz.

30

Elegia do Natal

Antes d'Ele tudo eram sombras de ignorância, de astúcia e de perversidade.

O ser humano encontrava-se reduzido à condição de hilota, estorcegando em sofrimentos inimagináveis.

O predomínio da força trabalhava em favor da hediondez e do crime, enquanto os valores éticos permaneciam desconhecidos, e quando identificados alguns, eram totalmente desrespeitados.

Nunca faltaram, porém, no planeta terrestre, as presenças dos Espíritos nobres que desceram às escuras paisagens para acender a luz do discernimento e oferecer as diretrizes da justiça.

Orgulhosos, aqueles que foram Seus contemporâneos, fizeram-se surdos e cegos às Suas mensagens, permanecendo iludidos pela prepotência, preferindo esmagar os povos que encontravam pela frente, sem qualquer sentimento de humanidade ou de compaixão...

Os carros da guerra espalhavam o horror, enquanto a fome e a hediondez campeavam à solta, esmagando vidas que não dispunham de oportunidade de desenvolver-se.

A juventude louçã e as arbitrárias condições em que alguns indivíduos se encontravam, deles faziam títeres e condutores insanos das massas quase asselvajadas.

É certo que floresceram também a filosofia, as artes, o espiritualismo e as musas desceram várias vezes do Olimpo de cada povo, cantando a beleza, a sabedoria, a bondade e, vez que outra, o amor...

Generalizada a opressão, a sociedade podia ser dividida em apenas três grupos; vencidos, vencedores e não conquistados...

As condições de primarismo, então vigentes, tornavam a existência humana de breve curso, durante o qual se deveria fruir de todos os prazeres imagináveis, custassem todo e qualquer sacrifício exigido.

Honra e dignidade valiam o preço da vergonha.

Havia, sim, exceções, que constituíam oásis morais de esperança no imenso deserto dos sofrimentos.

As gerações sucediam-se enganadas e enganadoras, como contínuas camadas de areia sopradas pelos ventos ardentes dos tempos de desespero.

Foi nesse cenário moral torpe, embora a magia encantadora da Natureza, que Jesus nasceu.

❁

A Sua chegada à Terra, precedida pelos cânticos sinfônicos dos seres angélicos e dos mensageiros da paz, criou uma psicosfera até então desconhecida, iniciando-se um período especial para a sociedade.

Espontâneo como as aragens perfumadas do amanhecer, Ele chegou suavemente e se instalou nos corações.

Nobre como uma labareda crepitante, Ele deu início ao incêndio que faria arder as construções do mal.

Gentil como o sorriso das flores, derramou claridades diamantinas, vencendo a escuridão vigente.

Bom como um favo de mel, adoçou as vidas que defrontou pelos caminhos, que passaram a cultivar a bondade e o amor em Sua memória.

Terno como a esperança, enriqueceu de alegria todos aqueles que se Lhe acercaram.

O Seu Natal é o poema de alegria que vem dos Céus na direção da Terra atormentada, tornando-se um hino de perene beleza, que se sobrepõe à algazarra da zombaria e à balbúrdia do sofrimento...

Ninguém, que jamais se Lhe equipare, na forma como veio e na maneira como permaneceu no meio da estúrdia e perturbada multidão.

A música dos seres celestes na Sua noite assinalou com insuperável sonoridade o planeta.

É verdade que depois d'Ele, ainda permaneceram idênticas paisagens morais no mundo...

A diferença, porém, consiste no conhecimento que Ele propiciou para que todos aqueles que desejem vida, tenham-na em *abundância.*

Alargou as fronteiras da vida para além da morte e fez-se ponte para vencer o aparente abismo existente, facultando a conquista da plenitude.

O Natal de Jesus é, desse modo, o momento culminante dos esponsais do ser humano com a Consciência Cósmica.

A partir dessa ocasião sublime, a criatura humana passou a dispor dos equipamentos e recursos específicos para a aquisição da felicidade, em qualquer situação em que se encontre.

Já não lhe devem importar em demasia as coisas, a aparência, os petrechos que ficam ao lado da disjunção cadavérica, mas os tesouros inapreciáveis, que são os sentimentos edificantes, os pensamentos ditosos, as ações amorosas.

Neste Natal, canta uma elegia de amor a Jesus, celebrando-Lhe o aniversário com a tua transformação moral para melhor, mantendo a tua aliança com Ele e levando-O em forma de bondade e de misericórdia a todos aqueles que cambaleiam nas sombras da dor, da revolta e do esquecimento social...

Comemora, pois, o teu Natal de forma diferente, recordando-te da singela manjedoura que se transformou com Ele em um palácio sideral.